寿岳章子
女とことばと憲法と

遠藤織枝

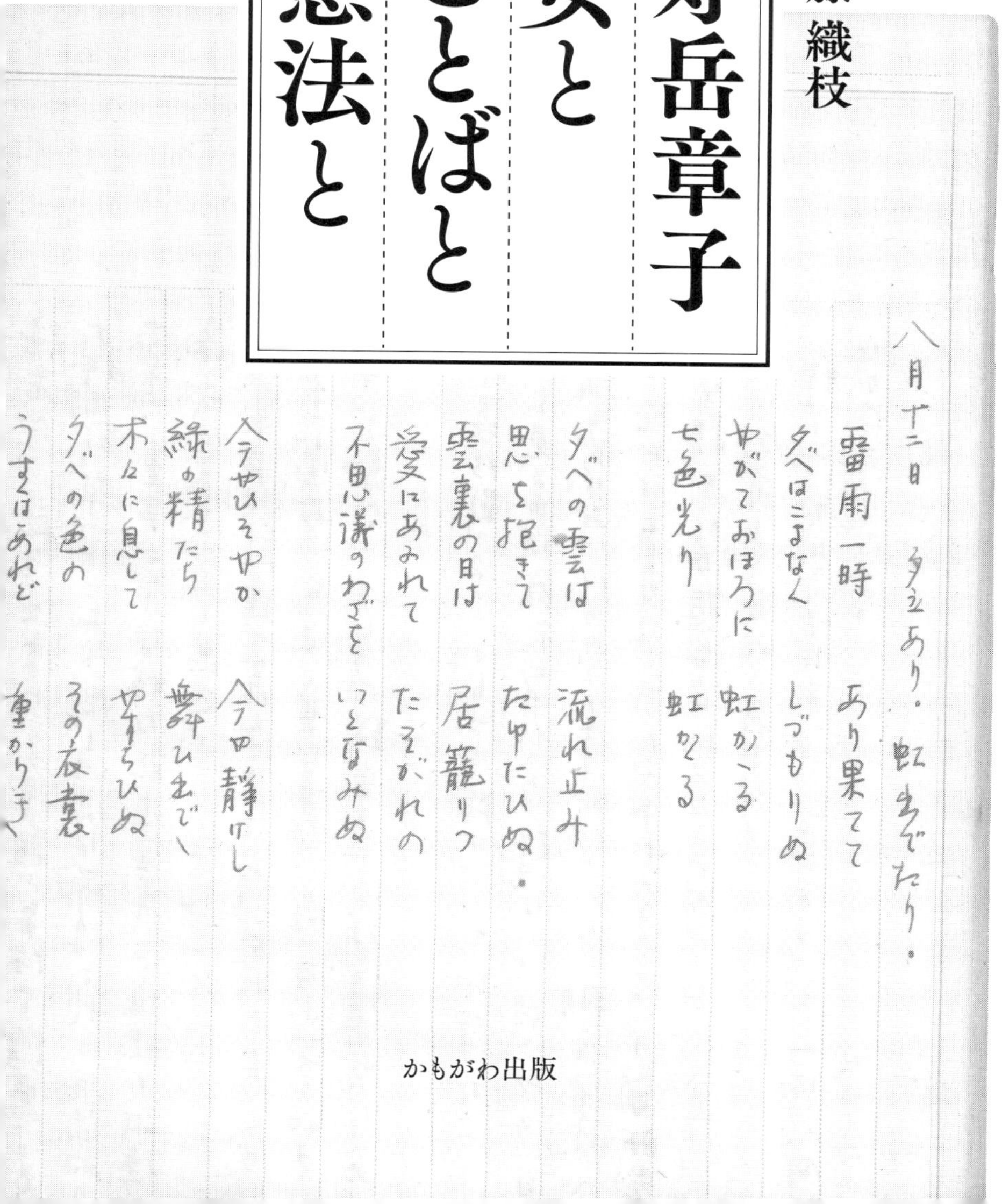

かもがわ出版

取材に応える寿岳章子（1981 年撮影）

まえがき

寿岳章子さんが亡くなって一九年もたった。今年は寿岳さん誕生から一〇〇年目でもある。あのふくよかな体とにこやかな笑顔、そして、どこかでくすりと笑わせ、そして深くうなずかせる巧みな話術に接することができなくなって、日本社会は大きな恵みを失ったと言っても大げさではないと思う。日常的なことばで筋を通した正論を語る語り口は、聞くものの耳に抵抗なく届き、共感を持って受け入れられた。寿岳さんの発するオーラの力であった。

寿岳さんには、大きく分けて二つの顔がある。一つは正統的な国語学研究の薫陶《くんとう》を受けて育ち、多くの学術的業績を残した日本語学の学者としての顔、もう一つは社会の不平等をなくし、平和を守るために戦う社会活動家としての顔である。学者としては、室町時代の抄物研究の第一人者であり、また言語生活史というジャンルを打ち立て、女性の名前の研究など新しい方法を確立した。その代表的な著作『日本語と女』（岩波新書）は日本語とジェンダーを論じる代表著書として今でも読者を鼓舞激励している。なお、抄物というのは、室町時代、僧侶や学者が漢籍を日本語で読みくだいていく講話を書きとったもので、その時代の話し言葉の実例集として言語研究者にとって貴重な資料である。

もう一つは、全国各地に飛んで、母親大会、憲法を守る会などで人々を動かし励ましてきた活動家としての顔である。はせ参じる各地の老若男女に絶妙な話術で感動と共感を与え、その温かい人間性を記憶する人も少なくない。

こうした質の高い学問業績とスケールの大きい活動を展開した寿岳さんを生んだ寿岳文章・しづ夫妻もまた、日本の純粋な学術文化の深化に大きな貢献を残したふたりである。

英文学者であった父・文章は英国の詩人ウイリアム・ブレイクに私淑し、その信条に大きく影響を受けている。さらに晩年にダンテの『神曲』を完訳した業績で数多くの賞を受けたことでも知られている。母しづ（本名は静子、筆名などでしづ）は独学で英語を習得し、文学作品の翻訳を手がけ、多くのエッセイを著わし、各地の婦人教育の講師としても活躍した。文章としづの共同作業としては、全国の和紙の調査研究があり、古くから紙の漉《す》かれる小さな現場を訪ね、和紙の収集と保存のために力を尽くした。翻訳書など自著の発行には、それらの和紙によって、印刷、製本に至るまですべてふたりの手で行い、向日庵本と名付けた私家版も作成している。昭和初期の民芸運動とのかかわりも深く、柳宗悦・河井寛次郎・浜田庄司らとも親交があった。

寿岳さんほど自分の両親を手放しでほめてきた人は日本中探してもいないと思うが、純粋に愛し合って結ばれ、最後まで互いを高め合ったリベラリストの両親の生き方をつぶさに見て寿岳さんは育った。父・文章は寿岳さんの女学校時代の日記抄『過ぎたれど去らぬ日々』（以下『過ぎたれど』）の「あとがき」にブレイクの「愛の花園」という詩の一節を引いて、書いている。「人生の花園に禁圧の制札や荒廃があってはならない。何の屈託もなく、思いきり自分をのばせ。右顧左眄《うこさべん》せず、正しいと思うことは率直に言え。こうした私のブレイク的信条が、女学生時代の彼女にどう投影しているか」

（240頁）と。

確かに、寿岳さんは屈託のない人だった。右顧左眄せず、正しいと思うことは率直に語る人だった。父の信条はまさしく娘の中に生きていた。

寿岳さんは巧みな「語り」と同様、「書く」ことも巧みで、また書くことが大好きであった。思ったことをすぐことばにし、文字に表せるすぐれた才能で、たくさんの軽妙で味わい深いエッセイ集を残している。先に挙げた『過ぎたれど』は、寿岳さんの女学校時代の日記を抄録したものであったが、毎日の日記がそれぞれしっかりと考えられた長い文章で綴られている。女学校に入学した一九三六年から卒業する一九四一年までの五年間のもので、このとき日本は中国と戦い、戦線を南方に広げ、やがてアメリカとの戦火を交えようとする時期であった。社会が戦時色に包まれたさなかに綴られた日記だったが、「戦争に勝つ、そんなちっぽけな喜びよりも戦争と言うものをなくした方がどんなに嬉しいか」「ヒトラーはえらい人に違いないが嫌いな人です」などと反戦的な思いが各所に綴られていた。反戦少女の戦中日記として評判になり、「いつか来た道」と題するテレビドラマにもなった。

本書を出すきっかけとなった寿岳さんの日記は、ちょうどこの『過ぎたれど』に続く時期のものである。この日記との出会いはまさに偶然であった。二〇一九年秋、雑誌『日本語学』編集部から特集「日本語学を創った人々」の一人として寿岳さんのことを書くよう依頼を受けて、その遺された資料や書籍を見せてもらいに寿岳さんの旧居を訪ねた。遺産を管理する田中弘さんが大事そうに出してきてくださったのがこの日記群であった。

達筆な美しい文字で書かれていたのは、戦前男子の進む旧制の高等学校から帝国大学への道は閉ざされやむなく進んだ女子専門学校に対する不満、わずかに女子に門戸を開いていた帝国大学の一つ、東北大学受験のための猛烈な受験勉強、仙台での戦時下の工場動員を含む多忙な大学生活、敗戦翌年の卒論制作の苦しみ、京大の大学院での国語の古今にわたる盛んな研究活動、そして、もう一方で、掃除・洗たく・料理と家事のすべてをこなし、毎週のように映画を見、頻繁に衣服のかりぬいに出かけておしゃれを楽しむ、寿岳さんの豊かな日常であった。八冊の粗末な日記帳から、十代終りの女専時代から三十代前半の大学教師時代までを、全力で駆け抜ける寿岳さんが髣髴《ほうふつ》と立ち現れた。

若き日の寿岳さんのウイットに富んだ楽しい文章、そして、猛烈な向上心、正義感、女性蔑視に対する怒り、異性関係での悩みや葛藤、こうした外面的にも内面的にも豊かな日記を前にして、これは、絶対多くの人に読んでもらいたい日記だと思った。寿岳さんのひたむきさ、明るさ、バイタリティーに、読む人はきっと強い刺激を受ける、コロナで内向きになってしまった人々も前向きになれる、この日記を芯にすえ、その後の寿岳さんの日本語の研究や社会活動を追いながら寿岳さんの魅力と底力を今一度日本社会にアピールしたい、そう思った。

寿岳さんはジェンダーの概念がまだ日本に導入される前に、日本語の中の女性のことばが、いかにジェンダー規範に縛られているかを、実証的に示していた。たとえば、ことわざでは、女に関することわざが三〇〇以上もある中で、女は無力、おろかだ、不浄だ、執念深いという否定的なものがほとんどで、肯定的に女を評価するものは全くない、そういうことわざ群に取り囲まれ、女は歴史的に束縛され無力化されてきたというのである。「牝鶏時を告ぐれば国滅ぶ」のようなことわざで女の物言いは抑えられてきた。こうした考えは二一世紀の今でもまだ残っている。

今、日本のジェンダーギャップ指数は世界でも最下位に近いところを低迷している。寿岳さんがこのありさまを知ったら、どんなに嘆き悲しんだことだろう。

寿岳さんは今でも新しい。今の我々に必要な多くのメッセージを残してくれている。生前の寿岳さんを知る中高年の方々には、マスメディアにもよく登場し、各地の講演会に出かけて人々を魅了したあのエネルギッシュな活動家が、一方で深遠な学問研究に打ち込んでいた学者としての寿岳さんを再発見してほしい。寿岳さんを知らない若い世代のみなさんには、一九五〇〜二〇〇〇年ごろに、学問と日常とを密接に結びつけてどちらも貪欲に追求した欲張った大先輩がいたことと、その先輩はジェンダー平等推進の先駆者であった、ということを知ってほしい。

偶然手にした日記から、寿岳さんに再びこの世に立ち戻ってもらう機会が得られたことをこの上なく幸せに思う。ひとりでも多くの方々に、寿岳さんの情熱と迫力と後に続く者へ向けたエールを受け取ってもらいたいと願っている。

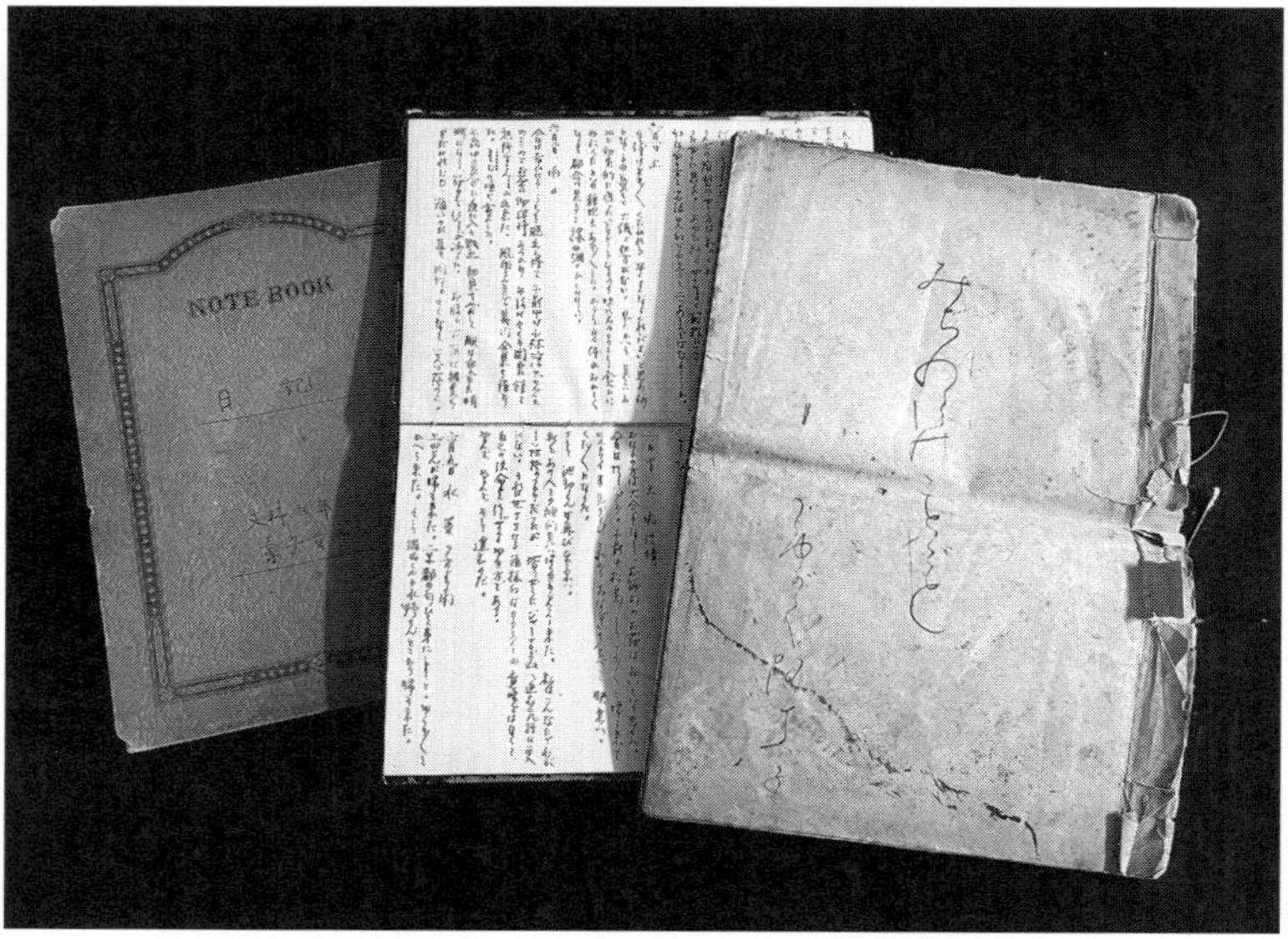

新たに発見された寿岳章子の日記の一部。多感な十代終わりから三十代半ばまでの日々をつづっている。

目次　寿岳章子　女とことばと憲法と

装丁・章扉デザイン　上野かおる

序章

父と母の背中

不思議な人しづ

寿岳章子を語り始める前に、どうしてもその両親のことに触れておかなければならない。偉大な両親の娘だから、章子も偉いんだというような筋道をつけるつもりは毛頭ない。章子自身が人一倍スケールの大きな人物で、人間的魅力満載の女性であったから、章子について語りたいことは山ほどある。親の七光りなど全く必要としない女性だったこともいうまでもない。しかし、ここであえて両親に関する章を設けたのは、この両親のことを章子が実に多くのところで書いたり話したりし、しかも、ほとんど手放しで礼賛していて、両親の影響力の強さ・大きさは章子の人物形成を語るのに不可欠と思われるからである。

父・文章《ぶんしょう》（1900－1992）は、兵庫県明石郡の寺鈴木家の五人兄弟の末弟として誕生。姉の婚家である寺寿岳家の養子となった。1919年、関西学院高等学部英文科入学、失明学生の岩橋武夫《いわはしたけお》（1898－1954）と知り合う。岩橋は早稲田大学理工科に在学中突然失明し、郷里に戻り関西学院英文科に入り直していた。岩橋の大学での受講には妹の静子（1901－1981）が付き添っていた。しづは梅田高等女学校に入学したが、家庭の経済事情がゆるさず二年生になって中途退学を余儀なくされていた。兄の世話を通じて、兄の級友の寿岳文章と知り合い、文章の大学卒業後、文章としづは結婚した。しづは章子からみると「不思議な人」であった。

母は結婚のプロポーズを女の方からやり、結婚式などもあげず、家庭を作っては夫を「主人」と言わず、夫に妻を「お前」と呼ばせないきわめて進歩的な思想の持ち主であり、私にもいわゆる「女らしさ」の世界に低迷させず、大学でもどこでもどんどんゆきなさいと小学生時代から言ってくれるほどの先見の明に富んでいた。考えれば不思議な人であった。

（『永遠の水汲むわが母』175頁、以下『永遠の』）

父は関西学院卒業後母校の東寺中学の英語教師になったばかり、母は家庭の事情で断たれた教育機会を取り戻すべく英語の独学中、本当にまだ成長途上での結婚と出産である。

以下はしづが一九四七年に刊行した『歳月を美しく』（後に『壽岳文章しづ著作集1』春秋社、1970年に所収。以下引用は『著作集1』による。以下『歳月』）に沿ってみていく。

九か月の早産で生まれた章子は二キロしかない未熟児で、生まれたときのすまいは、京都の三条通白川橋西詰にある家の二階の三室。二階住まいの気苦労から早産したということもあって、章子誕生の後、文章はすぐに家を探し始め一月末に引っ越すことになる。今度は四条通り縄手を下った南座の裏手辺の路地裏の小さな家で、階下二畳と四畳半、二階は六畳と二畳で、家賃二七円。権利金不要にひかれたが、その代わり、しづの言う「裸の家」で畳建具を全部買い求めなければならず、その費用は三〇〇円以上もかかった。その資金は文章が勤務先の東寺中学から借り、月給からの差し引きで毎月返済していた。

この二度めの家では、二階の借間の気苦労から解放されて母乳もよく出るようになり、章子はすぐに未熟児を返上、八月には生後一〇か月に見えるくらいに大きな元気な赤ちゃんに育った。歩けるようになると、母がちょっと目を離したすきに家を出て行き、一町ちかくある風呂屋まで行ってニコニコと母が迎えに来るのを待っていたこともあった。

父・文章は雑誌『中等英語』『上級英語』『英語研究』などに詩や物語の訳注を毎月書いて家計を補った。また、章子の生れた年の四月には、中学教師として勤めながら、京都帝国大学文学部選科に入学し、英国詩人ウィリアム・ブレイクの研究を続ける。選科というのは、普通の高校卒業組と同じ講義を受けて同じ単位を取るのだが、普通コースの京大生とは区別され、最後まで「選科」がついて回る制度であった。父の、京大で講義をきき、東寺中学へ教えに走るという生活が始まった。しづは子育てしながら英語の勉強をし、文章と結婚するまでの愛の葛藤を書き綴ろうと創作の案を練っていた。一九二五年、章子一歳のとき、父はもう一つの学校、京都中学にも教えに行くようになり、家庭教師も始めた。母も近所の人に頼まれて三人に英語を教え始める。

翌年一九二六年春、章子二歳のときには、文章の初めての出版物『晩年のトルストイ』が刊行され、しづの方も二年かけた創作もまとまり、倉田百三が主宰する雑誌『生活者』に第一作『朝』が連載されることになった。

この年七月には南禅寺山内の遷壺庵《せんこあん》に三度めの引っ越しをする。遷壺庵というのは老師の隠居所のあったところで、家が二軒あり、その一軒に住んでいた文章の友人が別の所に越して空いたため勧められた。臨済宗の総本山南禅寺は、東山のふもとにあり、水が豊富で美しいせせらぎがあちこちにあり、子供が水辺でどろまんじゅうをこねたりしてうろつく場所として最高の場所。どちらを向いても瑞々しい緑という豊かな自然の中で章子は育った。

柳宗悦と雑誌発行

父は、在学中から新村出《しんむらいづる》（1876―1967）、柳宗悦《やなぎむねよし》（1889―1961）らと親交を結び、民芸運動に加わった。特に和紙の保存に力を注ぎ、しづと共に全国の和紙産地へ行脚し、調査を進める。一九三一年、柳と文章はその和紙を使って雑誌『ブレイクとホヰットマン』を発行し始めた。この雑誌五〇〇部の発行は、寿岳夫妻と柳夫妻の手作業で二年間二四号まで続いた。後にその雑誌刊行について章子は回想している。

私がありありと記憶しているのは、（略）雑誌「ブレイクとホヰットマン」の製作状況である。印刷と製紙以外はすべて手作り。柳宗悦氏と壽岳文章との共同の製作になるこの心豊かな小雑誌は、まことにいろいろな意味で特筆すべきものであろうと今にして思う。（略）製本や発送の仕事はすべて我が家で行われた。（略）本を折ったり、綴じたり、重しをかけたり。（略）南禅寺の静かな夜もここだけは燃えていた。母は、菓子の世話、夜の食事ごしらえ、そうしたことにもきりきり小気味よい立ちはたらきをしながら、製本の作業にも加わっていた。（略）二人は、そんな雑誌を、そんな形で出し、財政的には何のむくいもない仕事をやりとげることの大切さを十分語りあっていたのだ。愛しあうということはわかるということ。だからこそ母は積極的に父の仕事に同志として加わったのだ。

（『永遠の』172−173頁）

一九二七（昭和三）年、父は大学を卒業し、東寺中学、京都中学の教師の職を辞め、京都専門学校と府立第一中学校で教え始める。母の家庭教師も、第一高女の生徒が二、三人増えていた。しづの、雑誌『生活者』に連載された『朝』が岩波書店から刊行された。若い女性の清新な前向きの生き方が世に歓迎されたのであった。この年の九月弟の潤が生まれる。

四歳ごろからぼつぼつ文字を覚え始めた章子も五歳になり、しづが正式に「アイウエオ」を教えると、二日教えただけで、あとは自分で覚え一か月後にはすっかりマスターしてしまった。周囲にあるカタカナを片っ端から読み始め、絵本はもとより、新聞雑誌の広告、看板、父の書斎のインキの入った箱の「アテナインキ」までカタカナであれば何でも手当たり次第に読んだ。

人見知りはせず、誰の目にも明るい女の子で、歌ってごらん、遊戯してごらんと言われると来客の前でもしりごみはせず、できることならなんでもするという積極性。そして小学校に入る前から本を読むのが何よりの楽しみになった。絵本ではつまらなくなり小学校二、三年生が読む『幼年倶楽部』が待ち遠しいほどになり、顔見知りの本屋のおばさんを驚かせた。藤村の『幼き者へ』、『アンデルセン童話集』、『グリム童話集』などが章子の本棚に並ぶようになる。

一九三〇年、章子は第三錦林小学校に入学する。しづは、「展開された新しい未知の世界の前に立つとき、驚異から勇気と望みと喜びを手繰りよせるのが、生れつきの章子ちゃんの性質だったのです」（『歳月』288頁）と記している。章子の一年生の時の作文の一部である。

ワタクシノオトウトハ、タイヘンオモシロイオトウトデス。イツダツタカ、クサヲツンデウチヘモツテカヘリマシタガ、モウジカンガオソスギテ、ママゴトガデキマセンデシタ。ソレデクサヲホカサウトシテヰルト、オトウトガキテ、「ネエチヤン、ナニヲシテヰルノ」トイヒマシタ。「ママゴトガデキナイシ、シヤクニサハツタカラ、ホカスノヤ」トコタヘマスト、オトウトハ「バウヤモシヤクニサハツテヤラウカ」トイヒマシタ（後略）。

（『歳月』294頁）

しづは、章子と潤の姉弟について語っている。なお、この本の中では弟の名前は「醇」とされている。

（醇は）ほんの少しの気温の差にも風邪をひきやすい体質でした。（略）食事にしても章子ちゃんなら年齢の割に多く、三杯でも、時によると四杯もおかはりをするのに、醇は注意しないと副食物ばかりへ箸が行つて、一、二杯の御飯がやつとこさでした。（略）章子ちゃんが女の子には珍しい至つて積極的な性質であるのに反し、醇は体質の弱さが影響するのか、凡てに対して非常に大事を取る質でした。だから、章子ちゃんのやうに一人で知らない場所へ遊びに出ることもないし、外出すればいつも母さんの袂をしつかり掴んで離さない子でした。さうして醇はこの頃から、縁側に立つて空や雲を眺めるのが好きで、父さんや母さんが風や空模様から天気予報について話し合ふのを聞き覚え、よく明日はよい天気だとか雨だとか言ふちよつと変つた子供でした。

「ちょっと変つた子」の潤は、京都大学卒業後フルブライト留学生として「氷川丸」で一九日間の航海を経て渡米、ミシガン大学で博士を取り、四年後に帰国。その後天文学者として東京天文台と東京大学に勤務した。三つ子の魂百を地でいく生涯であった。

（『歳月』295頁）

向日町の新居に移る

章子の小学生時代に戻る。

後に女学校時代の日記の抄録を章子自身がまとめた『過ぎたれど』のあとがきで父・文章が「何の屈託もなく思い切り自分をのばせ」と書いていることを紹介したが、そこにはさらに、「異常なほど早く物心づいた彼女は四六時中、彼女なりの本能や感覚を働かせて、父や母や弟の生きざまを観察し、時には絵や文章で記録しておく習性を身につけた」（243頁）と記されている。章子は、物心ついたときから観察し記録するジャーナリスト的ノンフィクション作家的技法を身につけていたのだろう。

一九三一年には、一家をパニックに陥れたチブス事件が起こる。この年九月、しづは潤をつれ、京都へ遊びに来た父とその着物を買いにデパートへ出かけた。食堂で食べた雑煮が一家に災難をもたらした。思いもよらない家族三人の腸チブス入院である。まず、しづが腸チブス発症、潤も四日後に発病し、それぞれ京都大学病院内科隔離病棟へ入院する。しづは四〇度に及ぶ高熱が続き、容体が悪化、一時は危篤に陥りもする。文章は勤務を休んでふたりの看病に通い、二年生の章子はかけつけた祖母と留守を守ることになった。しづが弟や兄からの輸血でやや持ち直して、危機を脱したと思うころ、今度は文章が発症して、三人同時の入院となった。そのうち、潤がまず退院し、しづは五十数日後、そして、文章も一二月に入って退院した。三か月にわたる寿岳家チフス罹患事件もやっと収まった。

親友の柳宗悦が家族の入院費を心配して、文章の論文を集めて本を作り、それを売って見舞金を作ってくれた。今のような完全看護の時代ではないので、看護婦を五人も雇った長い入院生活の出費は非常に多額なものについた。しかしながらその苦境は、しづの見事な平時の心構えで乗り切った。その母の算段の偉さについて後に章子は書いている。

両親は必死にはたらき、いささかの貯金を心がけていた。その点、わが母はとてつもなくえらかったと思う。父の書籍代にも不自由させず、こどもたちにもうちはあまりお金がないなどとまったく思わせず、けっこう楽しく豊かな思いをさせてくれたのだから。(略)私を除く家族全員がチフス入院をして、三千円(当時の三千円とはすごい金額である。百円の月給でもたいしたものだったし、千円でも、まあ家が建った時代である)をきちんと払い、まだ向日町に新居の土地、百三坪を購入するお金を残していた。

(『京に暮らす喜び』51－55頁)

そのころ、阪急沿線に大きな宅地開発が進んでいた。西向日町駅に家を買った父の同僚に勧められて、寿岳家も土地を購入した。三人の入院で貯えの多くは費えたが、土地を買うだけのお金は残っていた。

南禅寺の遷壺庵の静寂は好ましく、緑にも恵まれて愛着はあったが、うっそうたる木立の中の冬の日光の乏しさは耐えがたく、増えてきた本を置く場所にも困り始めていた。

南向きの斜面に開発された新興の向日町は明るく、一家は竹藪が多いのが気に入った。書庫と父の書斎、廊下を隔てて母の部屋、奥に客間と茶の間、予備部屋、二階には泊り客のための部屋、章子と潤の部屋、納戸という間取りで、建築が始まった。家を建てる資金はすべて土地を担保に銀行から借り、父母は必死に働いて五年以内に返却した。一九三三年二月に棟上げして同年六月に完工した。柳、芹沢銈介、河井寛次郎、浜田庄司ら新進気鋭の民芸運動の仲間が助言援助してくれて、若い研究者夫妻と子どもふたりの安住の地がここに完成した。大学時代の三年間の仙台暮らしの時を除き終生京都に住んだ章子は、この家で両親を看取り、この家で自身の生涯を終える。この家は地名から向日庵と名づけられ、昭和初期の建築の粋を凝らした建築として、現在その保存運動が進んでいる。

そのころ父・文章は龍谷大学に職を得、また、母校の関西学院でも教鞭をとるようになっていた。四年生章子は向日町の向陽校へ転校。すぐ慣れて一クラス五〇人全校一〇〇〇人という新興地の大規模校にもなじんでいく。

文章のブレイクの訳詩の刊行では、元の彩飾本制作に近づけるために手彩色を施した。彩色は専らしづが担当し、『無明の歌』の二〇〇〇枚ほどに四か月かかって彩色を施した。自分たちで彩色すると言いだした文章だが、彼は五〇枚ほど手伝っただけとしづは言う。向日庵に残されている『無名の歌』の挿絵の淡い彩色が一つひとつ、しづの手になったものと知るのは感動的である。あくまでも自らの手で本を創り出すという文章としづの静かな気迫がその色彩から伝わってくる。

学芸会では弁慶役

章子五年生の学芸会の出し物は勧進帳であった。男の子だけの松組、女の子だけの梅組、混合の竹組というクラス編成の学校だったが、女子が優勢だったため梅組が関所通過の弁慶組、男子松組が関所守備の富樫組という、今にして思えば教師側もきわめて柔軟な思考で、役割分担を決めたものだ。その弁慶が章子だった。ソレツラツラオモンミレバ……の勧進帳を朗々と読み上げ、「錫杖という武器を持っているのが何ともうれしく、その点では断然男の子を圧倒した。小学校時代に私は早くに背が伸び、デブちゃんでもあったから、ベンケイにはまことに適任であった」と章子は後に記している。(「私の被教育史から―女性差別は何も変わっていない」以下「私の被教育史」4頁)

この弁慶には続きがあって、弟が五年生の時も学芸会は勧進帳、「きわめてひよわで、痩せっぽちの弟は、何と義経になったのだ。母は『姉がベンケイで弟が義経か』と、何やら不思議な気がしていたという」(『私の被教育史』5頁)と、母の気持ちも微妙だった。

章子と潤のふたりとも級長をつとめて六年生と二年生に進級する。女学校進学を目指す子は夏休みも毎日補習を受けていた。しづは書いている。

やれる素質があるなら好む道を選び、できれば学問の世界へ繋がりを持たせてやりたいとの念願で、育て導く父さんや母さんの影響もあつたでせうが、子供ながらに章子ちやんは学ぶことを遠い未来へまでつなぎ、望みを持ちあこがれを寄せて勉強はしなければならぬものとひとりでしみこんだ生活の一要素としてゐたやうでした。だから受験勉強も張りあいがあつて楽しさうでした。（略）

どちらも本を読むことは大好きでしたが、方向は少し違つてゐました。章子ちやんは物語や小説類を、良いものでもつまらないものでも、手あたり次第に読んでも読んでも読み飽きず、クォーレの『愛の学校』などをとりわけ愛読してゐました。（略）醇の繰り返し読む本の性質は『子供の科学』などにつながるものでした。（略）

いつだつたか、保護者会のときでした。醇の受け持ちの先生からこんなことを話されました。（略）喇叭《らっぱ》を口にあてたまま死んだ木口小平と云ふ兵士の話があつたでせう。この修身の時間のあとで先生が、木口小平のやうな立派な兵隊さんになりたい人は手をあげてごらんと言ったところが、男の子ばかりの組のことゝて、皆いつせいに手をあげました。手をあげない子が一人だけありました。それが醇でした。

（『歳月』３６５－３６７頁）

以下では、章子自身のことはこの後の章に譲ることにして、両親に対する章子の思いをしばらくみていきたい。両親が夫と妻として、非常に民主的で相互信頼の強さで結ばれていたことを娘・章子は常に誇らしげに語っていた。

私は生まれながらに極めて民主的な家庭に育ったので、友だちの家などを知るたびに「ヒェー」と言ってびっくりばっかりしてました。それはたとえば、みんな父を褒めるわけですよ。そして母にたいして「お宅のご主人ご立派ですね、奥さんお幸せで」って。そういうことばを聞くと母はとても不愉快がってました。「そういう夫に私がしたんだ」というわけです。他人がそんな母のことばを聞くと何とえらそうにとか、傲慢とか思うにちがいありません。でも母は父とまったく相並ぶ感じで結婚し、完全に対等でしたから、自分が夫にちゃんと影響を与えているという十分な自覚があったのです。もちろん同量の影響を父からも受けています。そういうのが対等ということなのでしょう。

（『「女・子供」の目』16－17頁）

若い両親の子どもの育て方についても、十代のしつけをテーマとした本に寄稿して語っている。

子どもの時ほどきびしく、あとは逆に自由に、というどちらかと言えば西洋式の教育方針であったらしい我が家では、いちいちあせいこうせいと口うるさくはない十代だった。自分で考え、ひとりで行動、そして自分に責任を持つというくらしをすでに私は持っていた。（略）おそらく人間の一生中もっとものびにのびる時期、その子のおのずからの運命のきりひらきに役立つ助言をおこなうことに我が親たちは心をつかっていたように思う。

両親についていえば「女らしさ」育成教育をまるで私に対してやっていないことがそれである。長じて、ついに結婚しなかった私のことを、親たちは心配しなかったのかという質問を、私はくどくどいろいろな人、特に女性から受けた。ゼーンゼン、と私が答えると、質問者は実にいぶかしげな顔付きをする。信じられないという表情である。しかしこれは強がりでも何でもない、親たちの考えとしては人間には結婚する人もあればしないのもあると言うところで、全くのヘイキのヘイザ、ケロリとしていたが、だからこそ、十代の私は男でも女でもない人間そのものでいられた。女の子は、というお小言などなく、結婚準備教育、あるいはおけいこごとなども全く心配されなかった。

既に研究者たらんことを欲し、その能力の有無を苦しむ、いわば男っぽい我が十代の悩み、なぜ人は生きるのかという疑問、そんな精神世界に生きだしている私を、恐らく親たちは遠くから見守り、私がバリバリ音を立てて悲しみや喜びをちりばめながら自分で前進していく様をよしとしていてくれたにちがいない。

私がひとと全く異なった環境にいたのは、親たちがほとんどの世の夫婦とまるでちがった生き方をしていたためであろう。全く対等の夫婦関係、（略）家事は父も母もやるのがあたりまえ、親もはたらけば子どももはたらくという平等さ、誰かが誰かにいばって物を言い、誰かが誰かにヘイコラするということが全くない家庭の民主主義、そんな具体的な家族のありようが、十代の私の「生きるしつけ」の原点であった。

（「しつけなき我が十代」『十代にどんなしつけを受けたか』１３７－１４１頁）

だれも君臨しない家

戦後、父は畢生の事業ダンテの『神曲』の完訳に一二年をかけてとりくみ、母は教育問題、平和問題などの評論家として言論活動を繰り広げる。章子の見ている対等な夫婦関係は、今回その存在が明らかになった章子の若き日の日記にも「P・M」の記号でふたり一緒の行動場面がたびたび登場することでも裏づけられる。Pはpapa、Mはmamaである。以下、日記の日付を書くときは、西暦年の一九を省いたものと月と日とする。つまり（54／1／1）は、一九五四年一月一日のことである。

✣P・Mはジッド（といふ由）とデュガールの話でたいへん。どうも大へん面白さうなのであるが、私はもう文法表にかゝりきり。（54／9／7）

✣P・Mイヴモンタンみてきてすてきだったといってゐる。（58／12／21）

フランスの小説家アンドレ・ジード（1869―1951『狭き門』など）とマルタン・デュ・ガール（1881―1958『チボー家の人々』など）の作品を読んで両親が興奮して話しているらしい。章子も加わりたいところだが、このとき章子は阪倉篤義《さかくらあつよし》（1917―1994）から頼まれた辞典の付録の文法表の締め切りに追われていた。

両親はテレビの出演も一緒、映画を見るときも一緒である。シャンソン歌手イブモンタンを共に気に入って「すてきだったといってゐる」のである。両親は、趣味やものの見方もよく合っていて、ふたりがとても仲の良い夫婦であったことを、毎日の暮らしの中で章子は確かめていた。家族対等のだんらんについても触れている。

我が家の茶の間のすばらしさはいわゆる団らんにあった。団らんと言っても、父も母も、こどもたちも、単に和やかに話しあうという程度をこえてのすばらしい会話だった。（略）何と多くの話題がまるでたぎりたつように語りあわれたことだろう。夫婦、親子、きょうだい。ことばは光り輝いていた。

誰も君臨しない、自由に、遠慮なく、ことばは花のようだった。母の手料理、旺盛な食欲の父（私も追随）、その味は会話によってよけいおいしかった。

日常茶飯事についてのおしゃべりもあれば、文学、あるいは社会、政治。着実にこどもは育まれてゆく。

（『京都、大好き』128頁）

対等で楽しいおしゃべりも、互いにもたれかかったような甘さとは無縁だったようだ。芯を貫く母の志があったと章子は言う。

私の家の特色は、時にはどんなにさわいでにぎやかであっても、それが無節操とか放漫とか、頽廃に結びつかなかった。健康、信頼、理想、そんな世界への志がどこかに一種の倍音のようにある家庭で、ぴしっとした雰囲気があるようであった。それはすべて母が織りなした人生の織物の基調であった。

（『永遠の』196頁）

私家本—向日本も制作

父・文章については、文章がだれにでもやさしい物言いをしたと、晩年章子の留守の時に身の回りの世話をした草川八重子は書いている。

英文学の徒にはカミサマのような存在であり、民芸運動や和紙関係、書誌学や本の専門家からは雲の上の存在だった先生が、誰に対しても実に丁重でやさしかった。お茶を売りに来るおばさんにも、新聞紙のお払いに来るおじさんにも態度は同じである。

（草川八重子「寿岳先生は今も」『想父記』61－62頁）

母については、その生き方、暮らしに対する考え方をすべて是とし、平和憲法を守る婦人の会を共に進めるなど一〇〇％認めている章子だが、父についても小学生時代の差別発言以外は「明治の人らしい大型な学者」と、全面的に認めている。（父が章子をからかって「ホッテントットみたいや」と言ったのに章子はひどく傷つき、後年父に謝らせている）

父の志はさまざまな側面を持っていた。結婚、家庭の維持という面では、まさにたぐい稀な香り高さを生み出していた。そしておそらくそれゆえに、父の仕事世界はゆたかに充実していたように思える。

単に切り取りしてみれば、英文学、書誌学、私家版創設（つまり、出版社を通さず、自分で本を作り出すこと。用紙、装幀、活字、印刷、製本等一切自分が考えて。父の場合は向日庵本《こうじつあんぼん》といわれる極めてみごとな一群の書を世に送った）、手漉紙の地理的歴史的研究等々、随分多方面の活動をしている。いかにも明治の人らしい大型の学者で、いわゆる一つだけを細かくやるタイプではない。そして、父の場合は、それぞれの項目がバラバラなのでなく、すべてが連関しているところが特色なのだと思う。

クチョクチョというじじむさいやりかたでなく、ガーンと大きな鐘を打ち鳴らしつつ人生を歩んでゆき、その結果としてさまざまな学問や実践を生んだのだろう。父のすべての活動をしめくくるキイは、やはり「美」への愛と、生きることについての真摯《しんし》さであったろう。

晩年、父は何度も何度も熱っぽく私に語った、この世での出会い（父はエンカウンターという英語も使ったが）はまず寿岳しづに始まり、そして河上肇《かわかみはじめ》（1879－1946　経済学者）、また柳宗悦。それは人と生まれてくることのかがやく意味を証明してあまりあるものであったことを、父は病に苦しむ中でもこの上なく高揚した調子で語ってくれた。

父を見、父と語っていると、この世は生きるに値すると信じずにはおれない。

（『想父記』83－84頁）

人生で一番よかったこと

父は、この世での最高の出会いを母しづとのそれであったと繰り返し話した。母もそれに合わせる鏡のようにまったく同じ思いで、父との出会いを最高のものと答えた。

七九年から八〇年へ。それがわが家での最後の母の正月であった。暮れの二十八日に病院から外泊許可を得て、四日の朝まで母は家で過ごした。（略）

掘りごたつを囲んでの家族の会話。母の話はとぎれとぎれで、論理の飛躍、あるいは日付の混乱などがあり、それも切ないことであったが、でも、私たちは話し合っていた。昔の物語、おやつの話、少女時代の母の苦労ばなし。

ふと私は母に尋ねた。

「ね、母さん、母さんの人生で何が一番よかった？」

私たちが尋ねることにどうかするとはっきりした反応を示さず、ぼんやりしている母がその時は即座に反応した。

「それはパパさんと一緒になったこと」

私は胸いっぱいになった。はかばかしく話もできにくくなっている母が、何と見事な答えをしたことか。（略）父もうるんだ目で母を見やっている。母の穏やかな表情。やがては永遠の別れを

せねばならぬ人との、それは最後の至福のひとときであった。（略）
病院へ帰るその朝、父は母の顔を剃った。結婚以来ずーっと母の顔をあたり続けてきた父の最後の手わざ。母は無心に目を細め、ここちよさそうに剃ってもらっている。これまでと同じように。それを家との別れの儀式として、母は病院への車に乗ったのであった。（『永遠の』９－10頁）
最高のエンカウンターはしづとの出会いであると繰り返す父。認知症を患いながらも人生で一番よかったことは「パパさんと一緒になったこと」とはっきり言い切る母。
寿岳章子は、生涯相思相愛を貫くすばらしい親を持った、稀有な幸せに恵まれた娘であった。

第1章

成長する章子

訓読 明月記
訓読 明月記 第三巻 今川文雄
訓読 明月記 第四巻 今川文雄
訓読 明月記 第五巻 今川文雄
訓読 明月記 第六巻 今川文雄
宇治拾遺物語打聞集全註解
全講和泉式部日記
あゆひ抄新注
平安朝文学の色相 伊原昭著
宇津保物語 二

1. 高等女学校時代

一九三六年春、章子は望みの京都府立第一高等女学校に入学した。「伝統と歴史にこの上なく誇りを持つ『一流校』」なのだが、小学校時代には味わったことのない問題に徐々にいらだち始める。何故に「女学校」というかと、立派な門に掲げられた表札を見て思う。ならば男の学校は「男学校」であるはず。ところが男の学校が「中学」なのはなぜか。誇り高い第一高女だから、男子の行く府立一中と同じ教科書を使っていた。ところが弟が中学校に入ってわかったのは、同じ教科書を使いながら、中学校では難しい演習題もやるのに、女学校では本文中の練習題というやさしいのしかやらないということ。漢文のカリキュラムもまるで違った。中学では一年生から絞られるのに女学校では四年生の三学期になって初めて習う。このことは後の大学受験でたいそうなハンデとして章子は苦しめられる。男女共学は小学校までで、それ以上に進むと女は男より低いレベルの教育をする女学校に入るしか方法がない。女であるというだけで差別があることを知って穏やかならぬ日々が始まった。

後年その学校制度を図示＝**図1**＝しながら書いたエッセイがある。学芸会で弁慶をやったことを伝えた「私の被教育史」である。

この中で章子は、「戦後のすっきりしたコースに育った人にとっては理解しがたいほどかつての教育制度は複雑な様相を示している」と言い、簡単なメモを図で示している。つまり、義務教育の小学校を終えてさらに教育を受けようとすると、男子は中学校に進み、五年（四年で修了もできる）の就学年

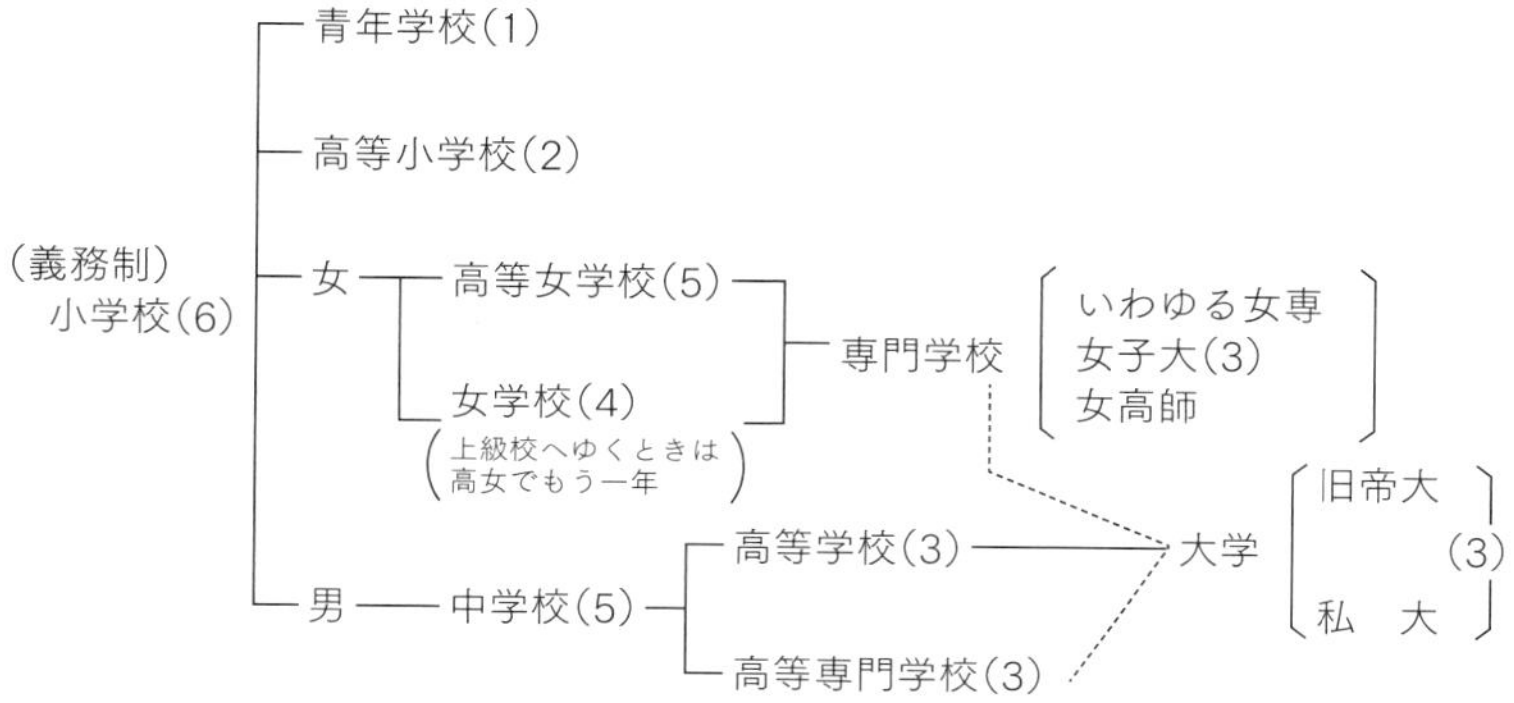

図1　戦前の学校制度

限を過ぎて、その上は高等学校で三年間、そして最高学府の帝国大学というコース。女子は、高等女学校で五年、その上は専門学校か女子大（帝国大学が帝国大学令によって設置されているのに対して、女子大は専門学校令による設置）で、図の点線で大学にやっとつながっていた。この点線について、章子は「専門学校から大学へというのは傍系と称されて大そうな苦労であった」「ボーケイということばの冷たさは曰く言い難いものであった」と述べている。

女学校時代の章子の考えていたことやその頃の暮らしぶりは、先に挙げた『過ぎたれど』から窺える。章子は女学校時代五年間、学校から課せられて毎日日記を書いていた。その抄録から、各学年の一日を引いてみる。まず一年生の章子のある一日。

学校から帰ると、母さんが明日大谷へ行くついでに松竹へつれていってあげます、とおっしゃったのでとても嬉しかった。松竹座では明二十三日から「地の果てを行く」と「テンプルの灯台守」だ。「地の果てを行く」はだいぶん良いようだ。テンプルちゃんもやっぱり可愛らしいかなあ等と思うと、よけい嬉しくなる。

夕刊をみていると、税率が上ったそうだ。記事をみると随分ひどそうだ。

（1936年9月22日　19頁）

母さんが「つれていってあげます、とおっしゃった」などの敬語は今からみると大袈裟で他人行儀な使い方にみえるが、戦前の親に対する敬語としては普通の使い方だった。成人になってからの章子の映画好きは相当なもので、後でみる大学教師時代の日記では、教えたり研究したりで大忙しの時でもほとんど毎週映画を見に行っているのだが、すでに女学校に入ったばかりのころからよく映画を見ていたことがわかる。シャーリー・テンプルという一世を風靡《ふうび》した当時のアイドルに章子も夢中になっていた。新聞にもよく目を通し、しっかり自分の感想も述べている。次は二年生のある日。

夕方、叔父さまが来られた。

晩は、皆茶の間によって、色々戦争の話に花を咲かせた。叔父さまのお話によると、今度の戦争では全国で一千万人動員するそうだ。私はおどろきもものきさんしょのき、目を丸くしてしまった。（略）何でも軍部の方では今度山東半島をとってしまうという覚悟らしい。ああほんとに私は情なくなって来た。ああなんというみにくい争いだろう。これでは抗日の気分の起こるのももっともだとつくづく思った。

（1937年7月30日　53頁）

叔父さまというのは、母の弟で当時は大阪府の母の実家に住んでいた。「おどろきもものき……」と語呂合わせがさっと出てくるところには、後の文章や講演のユーモア豊かな章子の表現力の水源がすでにここにあったと知らせてくれる。戦争の話に花を咲かせたとの言い方は、ちょっと変な言い方だ。率先して戦場に行きその手柄話をすると言うならともかく、情なくなるような話でも花を咲かせたことになるのだろうか。ともあれ、章子は中国への日本軍の侵略を醜い争いだと、だから抗日運動が起こるのだと、中国の側にも立ってみている。こういう見方ができる女学生はそう多くはいなかったのではないか。やはり両親の影響が大きかったのだろう。

三年生になったころは、抜き打ちに髪の長さを検査するような世相になっていた。

課外活動の時、急に髪の毛の検査があった。皆あごをひいたり、襟を高くしたりして一所懸命ごまかしている。私達の組は割合違反者が少いようだ。（略）すんでから、皆ギャンギャン大騒ぎだった。「髪の毛切ったら不良やいわはるわ、殺生やな」「なんで髪切ったらあかんのやろ。おかしなことしやはるな、髪の毛で火薬作れんのやんか」等々、話はのびてすばらしいことになって来る。（略）厭がっている人が多いけれど、この学校にいる以上、やはり規則を守らなければならぬと思う。それが不服ならば、どこか他校へ行くがよい。くくるのが可愛らしいですよとかおっしゃるのは、何かしら厭に感じる。自分の顔だし、目があるんだからちゃんとくくって似合うか似合わないか自分で判断出来る。そんなことといわれなくても、ちゃんとくくる時はくくる。

（1938年6月2日　101頁）

章子は校則の厳守派で、不服なら他校へ行けとまで言い切る。まじめな体制順応派である。その一方で、その方が可愛らしいですよというおためごかしは断固としてはねのける。「そんなこといわれなくても、ちゃんとくくる時はくくる」とプライド高き三年生は啖呵を切る。

「女は家事」に反発

四年生になると「女であること」の疑問や悩みに直面する。

家事、始めて。まあ、どうともいえません。何だか先生のおっしゃったことが、深いことを避けていらっしゃる（変な言い方だけど）ようで、ぐいぐいつっこんで行きたい気がしてならなかった。日本の女の人って、家事だけが生命なんですか。先生は学校を出たら、英語や数学なんか一年位で忘れてしまうけれども、家事は女の人に一生かかる勉強であるという風におっしゃったけれど、そんな考え方が、日本の女の人について因習的な、女は女、というような考えを男の人に抱かした原因の一つではないかしら。（略）私は大きくなっても、御掃除や、お洗濯や、御飯拵《ごしら》えや、そんなことにばかりあくせくとなるような人にはならない。しかし、それらのことを投げやりにするというのでは決してない。ただそれは女性の全生命をそんなことばかりに打ちこんではいけないことなのだ。人間として、自分を見つめなければならない。

（１９３９年４月14日　１４１頁）

高学年になって、家事の科目も増えてきた。女を従来の枠にはめてしか見ていない教師に突っ込みを入れたくなる章子である。家事をおろそかに見ているのではないのだが、女は家事を、と決めつけられるのは我慢できない。女としてより人間として自分を見つめるという、生涯を貫くこの観点に、四年生ですでに立っている。最終学年の五年生では進路に悩むこともあったが、選挙権を与えられない差別された性についても考えている。

参政権問題を校長先生は、よろしく権利をたっとぶべしとおっしゃって下さったので、胸がすーっとした。本はじじむさい、女をかたにはめこんで撫でているようないい方で、参政権運動など外国かぶれだなんて書いてあるので、しゃくにさわってならない。むしゃくしゃして、だれがこんな動物みたいなお気に入り女になるものか、と思ってしまう。私たちはほんとうの日本女性になるのだ。女の大臣や次官や知事さんができたらおもしろい。そんなことは一向に女の本来の生命をうばうことではない。

（１９４０年11月６日　２００頁）

参政権を否定している本が「女をかたにはめこんで撫でているよう」と五年生章子は見ぬいている。女をかたにはめることは、女を自由に活動させず、「女らしさ」の中に閉じ込めることで、章子にとって最も「しゃくにさわる」ことであった。校長先生の権利を貴ぶべしということばは、章子に大きな励ましを与えた。その勢いで「女の大臣や次官や知事さんができたらおもしろい」と言っている。

二〇二三年九月の岸田第二次改造内閣で、女性の大臣は五人になったが、副大臣の女性はゼロ、この前の内閣は二人、そして四七都道府県の知事のうち女性は二人だけというお寂しさ、八〇年前の一七歳の女学生がすでにこう言っていたことを知って、私は消え入りたくなる。その後戦後の男女平等とか女性解放の掛け声はいったい何だったのか。それほど、章子には先を見る目があったのに、時代が変わっていないのはなんとも悔しい。

五年生を終えて進路を決める時期が来る。先の図で見たように、男子の進学する高等学校には入れない。旧制の高校は、入るのは難しかったが、入ってしまえばあとは帝国大学にほとんどが入れた。だからこの三年間、人生に悩み、真理に憧れ、青春を謳歌することができた。京都には第三高等学校（三高）があった。「三高みたいなところがあるとよいのに」（42／1／29）と章子は日記に書いているが、近くにあるのに受験もできない。帝国大学を目指す女子はどうすればいいか。女子専門学校（女専）か女子高等師範学校（女高師）、あるいは女子大学校を経るしかない。やむなく、京都府立女子専門学校文科に進学した。女学校のお裁縫の先生には「文科なんかよして家事科になさい」と言われていたけれど。

2. 女子専門学校（女専）時代

女専時代には、一九四一年九月から翌年の二月まで、つまり章子の女専一年生の秋から冬の間と、一九四三年八月、大学受験の前の一か月の日記が残されている。その一年生の日記から女専に対する章子の思いを見ていく。九月一日最初の日記である。

✢又新らしく日記帳をつけてゆく。

今日は怖ろしく憂鬱《ゆううつ》だ。数々の私の不徳が心を悩ました。悩みてもそれに耐へられないこの大馬鹿。

若い人など読まねばよかった、あれは私にとっては入用のない書物だ、明日の朝は、早速返しにゆかないと気がくしやくくする。ちつとも勉強せず、ほんとにくくいけない私。(41/9/1)

ずいぶん、暗い自虐的な日記である。

当時ベストセラーだった石坂洋次郎《いしざかようじろう》(1900-1986 小説家)の『若い人』を読んだことを、「あれは私にとっては入用のない書物」だったから、「読まねばよかった」と後悔している。勉強もせずに必要もない本を読んでしまった自分を責めている。それが数々の「不徳」の一つといえるほどのものか、第三者にはわからないが、本人にとっては重大事で九月四日にも記されている。

✢段々秋が来る。(略)

秋のことを考へると、ひとりでにしづかな思ひがわき起って、さまぐくの風光がぽっかり浮び上る。くもり日、降りみ降らずみの日によく遠足をして、ぬれた草をふんだ。赤まんまや、よめなの花、水引草などが、草深く見える道。晴れた日には枯野に咲くひがん花のたまらない色のさやかさ。

雨の降る日には一そうちろ〳〵と鳴きかさむこほろぎのことば。

自然のゆるやかなめぐりの中にゐて、どんなに私たちは心をうるほされてゐることだらう。月夜の空はからすが鳴き、あかつきのほの〴〵した色は、やはらかにニハトリの声がみちてゐる。この一つ〳〵に私は何かの意志を感じる。

「若い人」といふ本、
それは実につまらない、しかし、何故沢山の人に読まれ、熱狂されるか、とにかくあれは面白いのだ。
面白いけれどいやになる、いやになるけれどよみつゞけずにをれない、さういふ本だ。
間崎＝ことばをもてあそぶことを知って、生きることを知らない、こんなぐうたら大嫌ひだ、堂々と生徒には真実めいた言を自分のものらしく吐いてゐるけれども、自分はなんだ、支離メッレツ不安な生活、たゞ教師になったといふのみ、教育者の自覚がない。こんな人がゆるされてよいものだらうか。（略）
橋本＝好かない。ほんとの意味では深さのない人ではなからうか。冷い表面の理屈で生活してゆかうとする、しかし内では乱れてゐる。
江波＝こんな人ゐるかしら？　こんなに或る意味では完全な人。間崎のために作られた人物か。

この作をよんで、作者は何を真とし、何を不純としてゐるのか、それを思ふ。江波の生活をもつともつと凝視し、もつと考へたものが生れねばならぬ。みとめたきりでどうしようとするのか、自分のからの中ににげこまうとする所あり。（41／9／4）

章子の女専時代の日記は、この九月四日のような書き方のものが多い。まず自然描写に始まって次いで自分の経験や感想を書くというパターンである。九月一日の「今日は恐ろしく憂鬱だ」のような、自分の状況を直に書くことは珍しい。四日のように、その時々の季節のうつろいを美文調の長文で描くのが得意である。四日の日記も、赤まんま・水引草・よめなといった地味な草花に目を向け、こおろぎなどの自然と共に「何かの意志を感じて」いる。その自然描写の後で、一日に続いて『若い人』の読後評を書く。

「それは実につまらない、しかし、面白い。面白いけれどいやになる、いやになるけれどよみつゞける、さういふ本だ」と畳みかけておいて中心人物三人を取り上げる。嫌いだ、好かないといいながら、それぞれの人物像を要約していく。当時この作のヒロイン江波恵子はある種の完全な女性像としてもてはやされたようだが、章子にはその完全さが恵子自身のためでなく間崎のために完全な人物であることが気に入らなかった。江波の生活をもっと深く凝視しなければならないと注文をつけている。

一九歳の女子専門学校生の読みは鋭い。

鴨長明に共感

『新生』の作者島崎藤村《しまざきとうそん》（1872－1943 小説家）も大嫌いだという。一〇月の日記である。

✢高尾先生に、藤村なんか大嫌ひだとどなりつけてカラ〳〵と笑つてやつたらどんなにすーつとするだらう。やっぱりいゝところがありますねなんていってそりかへってすましてる先生の顔は一種あはれむべきものだ。あの先生は無批判によんで、藤村にまひしていゝ気になってゐるのだらう。

新生を読んで厭な気になつた。

藤村は勝手だ。あの人の性質に真の愛は生れない、そして自分の悩み？をおしつけて、それを人に強ひて、うやむやな態度をとつて結局自分を善なりとしてゐるのだ。行きづまっては、自分のよい途に何ものをもすてゝひらりと転心してゐる、何ものをは、人が生きてゆくのに喜んで負ふべきものなのだ。フランスへ行ったにしても、いかにも自分を責めた殉教的行為だ、しかし何と卑怯な自我と、弱さ（といってもこれが彼の持って生れた奸質《かんち》かも知れないが）だらう、逃避してゐる、勝手なことをした揚句に、のめ〳〵と、どんなに悩んでも、結局彼は自己の悩みにすぎないのだ。

彼の眼にうつる女はその時々の自我の燃え立つた火の対称だけだ。堂々とした踏場のないところ。

気まぐれに感傷をいかに本物らしくみせて、大げさになやむ、自分でかへりみない、かへり見ては否定して、是なりと肯定してゐる。（41／10／18）

担任教師高尾が勧めたのであろう。その『新生』を読んで、姪との関係を持った藤村が悩んだ末にフランスへ発ったことを、「藤村は勝手だ」といい、「逃避だ」と手厳しく責める。藤村の卑怯な自我と弱さは「彼の持って生れた奸質かもしれない」とまで疑っている。さらに藤村の描く女性像は藤村の対象にすぎなくて、その女性は生きていないことが章子には物足りない。藤村を非難するだけでなく、藤村を評価する担任教師に対する批判も厳しいものがある。

読んだ作品に対して批判ばかりしているわけではない。鴨長明《かものちょうめい》（1155－1216 平安末期から鎌倉時代前期にかけての歌人・随筆家）には共感しその生き方を是認している。

✣鴨長明も私と同じ人間で、いつか私のやうな気持を持ったことがあるやうな気がする。ほんとにあの人は悩んだ。その生き方を私は是認した。

発心集も面白かった。発心集においては長明は非常に単純化された思想を平明に物語ってゐる。

（略）（41／10／29）

「鴨長明も……いつか私のやうな気持を持ったことがあるやうな気がする」というのもすごい文章だ。高齢者は別として、若い人から、著名な作家や哲学者などの思想が自分と同じだ、とはなかなか言えない。大家の思想に学んだとか、心酔しているとか、似ているとかは言うだろうが、自分の考えと同じだとは言いにくい。かなり自信の強い人なら言うかもしれないが、その場合も「私もカントと同じだ」とカントを先に立てるだろう。「カントも私と同じだ」と私にカントを引き寄せる言い方はしないのではないか。章子は鴨長明の方を自分に引き寄せている。普通だったら、二〇歳にもならぬ女子学生が書くものとして、不遜で生意気だとのそしりは免れまい。

しかし章子にとって鴨長明は、はるか高い所にいる聖人ではなかった。「あの人」と呼び、その人の思想を十分に理解し、わがことと捉えていた。自分とかけ離れた偉い人でもなく、普通に悩み苦しんだ人として身近に感じられる人であった。「その生き方を私は是認した」ともいっている。それほど、章子にとって古典作品もその作者も、近しく親しい存在なのであった。少し前の時代に、おなじ京都のあの町で暮らしていた一人の先人という感覚なのであろう。実際にこの三日後には、長明の住んでいた伏見区の日野を訪ねている。

✣（きのふ見に行った日野は）しかし、気持よい所だ。私は何だかあの地勢がいかにも長明らしい感じがすると思った。どうして京都をみて、うしろに山が迫ったところをえらんだか、大原からきてみて、この日野を見つけたのは面白い。薄が銀におどってゐて、この上なくすき通った感じのする所だった。（41／11／3）

章子にとって、古人や古典作品との距離は非常に近いところにあった。八〇〇年も前に生きた人を

『あの人』と呼び、「鴨長明も私と同じ」と言い、「あの地勢がいかにも長明らしい感じがする」「この日野を見つけたのは面白い」などと言えるのは、長明を全く身近に感じていることで、これはきわめて羨むべきことかもしれない。長明も発心集も教科書の中の人として受験のために暗記するような対象ではなかったのである。

「プチブル」の自分からみたプロレタリア文学

この日記で章子は、プロレタリア文学にも触れている。

✢さて、今日よんだのはいはゆるプロレタリア文学であった。私はこれをよんで、なるほどと、低い意味でうなづきはしたが、でもちっとも心はそへられなかつた。一面の真理を含んでゐるが、しかし完全にセンチメンタリズムであると思ふ。それは私がそのいふ所のプチブルであるからかも知れないが、あの人たちは根本原理を誤まってゐると思へる。彼等は極端に走りすぎて、又他を自分たちにれいぞくせしめようとしてゐる。（略）

それは、貧しいひとたちのゐる事はあくまでも厳たる我々の不幸である。ただ、罪はすべての人にあるといふことを、あの人たちは意識しない。

下層階級の貧困、貧しい百姓のみじめさ、それは、ほんとに〳〵気の毒なことだ。私は物質的には恵まれて、甚しく幸福だ。非常に富んでゐもしない。一番、金銭に関して豊かな気持でゐられる。だから、のんびり批評してゐられるが、せっぱづまったら無茶苦茶に呪ひたくなることが

あるだらう。（略）

だから、この私の批評にしたって、ある程度まで現在に安住したのんきさから出てゐるのだ。要は、人がみんなよくなったらいいのだが。理想を高く持って。（42／1／27）

貧しい階級があることは認めながら、その「罪はすべての人にある」というあたり、社会制度の仕組みから貧困が生じることは理解できていない幼さがある。プロレタリア文学もセンチメンタリズムと断定するあたり一面的な捉え方から免れていない。後半は文学そのものよりも貧困が克服できない資本主義社会の矛盾にどう向かうかに論点は移っている。自分をプチブルであると認め、経済的に余裕のあるところから「のんびり批評」していることも自認しながら、最後は「理想は高く持て」というあたり、かなり飛躍もしている。プロレタリア文学については、一週間後の日記で再度触れている。

✣今日よんだ短編集、同じ主義ものにしてもこの前よんだのよりずっといゝ。もっと真実性がある。これでは当時にあっては多くの人を赤化さしたかもしれない。（42／2／2）

プロレタリア文学とはいっていないが、「同じ主義もの」と言い、「赤化さした」と言っているので、プロレタリア文学であることがわかる。

改めてプロレタリア文学の当時の位置を見直しておくと、一九三〇年代以降、治安維持法による社会主義・共産主義的思想の弾圧が強化され、一九三三年には小林多喜二《こばやしたきじ》（1903－1933 小説家）

が東京築地警察署で虐殺され、三四年にはプロレタリア作家同盟も解散させられている。一九四一年末には日本はアメリカに宣戦を布告している。その翌月、おそらくプロレタリア文学が書店に並ぶことはもうなくなっていたと思われる時期に章子はそれを読み、その読後感を日記に記していることになる。先に述べた『若い人』の主要人物橋本が非合法活動をしている人物として描かれているので、それとの関連で興味をもったからかもしれない。なお、章子が自分のことを「プチブル」とも言っているが、これも「若い人」の中で使われていることばである。

最初の読後感は、センチメンタリズム、根本原理を誤っていると決めつけていたが、一週間後に再び読んだ別の短編集では、「この前よんだのよりずっとい〻。もっと真実性がある」と一転したほめ方である。こうした優れた作品だから、読んで影響を受け、共鳴して社会主義思想に感化され「赤化」した若者がいたであろうと、好意的肯定的にとらえている。こうしてさまざまな文学作品に触れて、それぞれに対してはっきりと読後感を述べて充実した読書生活は送っていたのだが、女専の学校生活そのものについては、青春を謳歌しているような記述は全く見られない。仕方なしに入った女専だから、不満は多い。

✢何しに学校へいってるのだか分らない。これでも、何らの生活の基準を作ってゐるといへようか？　女専に於ては先生と生徒と、両方が怠けっこをしてお互ひに罪をなすりつけてゐるやうだ。勿論生徒の方がより以上に悪い。（略）何故皆はあ〻都合のよいことに嚙《かぶ》りつかうとするのであらう。ほんとに今日は癪にさはった。英語も大鏡ももつとよく勉強したらい〻。私もちつともしないけれど他の人はそれ以上にしない。先生がやってくれはるやろと考へればすぐに何一つ見て来ようとしない。文科に入ってゐて、それ位の探求心がなくてどうしよう。ほんとにどういふ積りで学校に来てゐるのだらう。あたるから調べるといふ気持から見てくるのでなくて、知りたい、学びたいの心でやってくることは実によいことなのに。何もかも先生まかせ、先生は生徒の怠慢に足並揃へる。実にかなしいことだ。（41／10／29）

大学に入るためのステップとして入った章子と、女学校の次の最終学歴として女専に入った級友たちとは、日々の勉強に対する取り組み方も違ったはずだ。さらにそれほど向学心もない生徒に対して教師たちも手を抜いてる。友だちへのいらだちと、教師陣への失望から、両方で怠けっこをして怠慢に足並みをそろえていると章子は嘆く。

✢ほんとに学校を止めたい、しかし、どこに行く所があるだらうか。日本の女性はどこに学べばよいか？

一旦止めて、女高師に入る方がよいかしら？しかし女高師へ入ったって、いやなことは又違った意味に於て存在するに違ひない。

何故実力試験だけでないのか。女専みたいなくさった経歴が必要なのか。私はいやだ。心から登校するのがいやだ。

一たい、何しにいってゐるのだ、ほんとに。（41／11／11）

これでは楽しい充実した学園生活は送れない。「何故実力試験だけでないのか。女専みたいなくさった経歴が必要なのか」には少し説明がいる。実力試験というのは、高等学校から大学に進む試験のこと。一方、高等学校以外の「傍系」から大学を目指す人には、大学受験資格を問う検定試験というのが課せられた。そのことを言っている。「女専みたいなくさった経歴」とまで言っているのは、先にも述べたように、女専卒業が大学進学のための資格とされたことを言っている。高等学校を卒業した男子受験生は実力試験だけ受けてその成績で合格判定がされる。しかし、専門学校から大学を受験するとなると、実力試験だけではすまない。どうあがいてももう一つ検定試験を受けなければならない。それが何とも章子には腹立たしかった。三高みたいなところに入りたいのに、それは許されなくて、仕方なく進むことにした女専だったから、学園生活が明るくも楽しくもないのは当然であった。

3．戦争観の変化

すでに何度も引用している『過ぎたれど』の時期は、日中戦争のさなかで、「戦争はいやです。どうしてあんなことをせねばならないのでしょう。（略）日本は野ばん国です」（45－46頁）、「何にしても戦争はいけない。人道を破壊し、恐怖をバラ撒き、芸術を破壊する。私は戦争を嫌悪する」（96頁）「ヒットラーよ、もうよい加減に止めて呉れ、それだけとったらよいだろうに」（157頁）などと厭戦反戦を言い続けていた。

その後の女専時代は戦争についてどう考えていたか。一九四一年女専一年生の日記を通してみていく。この年の一二月八日には太平洋戦争が始まっているが、その開戦の日のころの記述はない。九月一日に書き始められた日記帳だが、とびとびに書かれていて、一一月一一日から一二月二四日までブランクになっている。そのため、この間に起った開戦に関して章子がどう思ったかはわからない。翌年の二月一一日紀元節の日記に章子の戦争観が表れている。

✢紀元二千六百二年、なんとすばらしい大きな流れなのだらう。（略）そして今は大東亜戦争のさ中である。

私は支那事変の時のやうにいらつかないでこの大戦争を考へてをられるのが不思議でならない。それは、民族同志やりぬくべき戦であり、対等の戦ひであり、極度の姑息性をぬけきった、もう徹底しきった戦であるからであらうか。もう、感情をぬって、苦しいのをおさへなくても、自分を正しく時代に投じてゆけさうだ。不思議な安心がやってきた。これは誰でもいふことだ。

そして、何に対しても反発しないで、忍耐してゆく気持にもなる。ミリタリズムのわるさを認めても、それがむしゃくしゃする焦燥とならぬのは何と云ふ変化であらう。私は今、大東亜戦争を必然的にみとめた。支那事変に対しては、いくら自分を落着けようとしても出来なかった。五年たっても迷ってゐた。しかるに、米英と開戦してからは、たった一日、二日でもって、すーっとしたものが出てきてゐる。（42／2／11）

戦争については、支那事変の時とは大きく変わった受け止め方になったという。つまり女学校時代に支那事変が始まった時は落ち着くことができずいらついて戦争を考えていた。だが、今回の米英の開戦はそうではなく、「対等の戦ひであり、極度の姑息性をぬけきった、もう徹底しきった戦」だから、「大東亜戦争を必然的にみとめた」という。「自分を正しく時代に投じて」安心して戦争の時代に立ち向かえそうで、もう「何に対しても反発しないで、忍耐してゆく気持にもなる。ミリタリズムのわるさを認めても、それがむしゃくしゃする焦燥とならぬは何と云ふ変化であらう」と自分自身の心境の変化に驚いてもいる。

ここにきて、全面的な戦争肯定派に転向したわけだ。世の中が大きく戦争一本に傾いていたとき、その雪崩のようにおしよせる戦争圧力の前には、少女の正義感も厭戦気分もあっけなくはかないものであった。

反戦少女から軍国女専生へ

一九四三年夏、戦争はもっと熾烈になってきていた。

✢つく〴〵考へるのに私達はどうも七月下旬祝園《ほうぞの》へでも志望して無理にでも行かして頂けばよかったと思ふ。弟などは三日の予定で出かけていって、とても人手が足りなくて不意に一日のばして帰ってきてゐる。少し学校が消極的ではなかったかしら。(43／8／5)

✢大詔奉戴日

日本が辿ってきたさまぐの途を考へる時、ほんとにこの大東亜戦争を直視し、どんな困難があっても突進してゆかうとするわき立つ気持がおこる。不思議な足どり、強い足どり。（43／8／8）

✢ドイツがどうも少し困ってゐるやうだが。（略）とにかく、どうでも日本は直進しなければならない。日本独自のみちを。一日本人たる私、如何なる国家の命令にも殉じ、命を捧げる覚悟だ。（43／8／10）

祝園というのは近鉄の沿線の地名で、弾薬庫のある軍需工場があった。そこに勤労動員で行くことがあったのだが、七月末には行かなかったのを悔やんでいるのである。学校側がもっと積極的に動員すべきだと章子は焦っている。

大詔奉戴日は、アメリカに宣戦を布告した一九四一年一二月八日にちなんで、設けられた記念日。毎月八日に国旗掲揚・宮城遥拝などをした。その日だから気分が高揚していたのだろう。「この大東亜戦争を直視し、どんな困難があっても突進してゆかう」と積極的な決意を固めている。ドイツやイタリアはどうであれ日本は独自の道を進むべきで、自分は「如何なる国家の命令にも殉じ、命を捧げる覚悟だ」と勇ましい。

✢今日は防空壕を掘った。学校の二倍位深く。汗でぐしょぐしょ、滝の如し。夕立あり。海軍大戦果、万歳。（43／8／14）

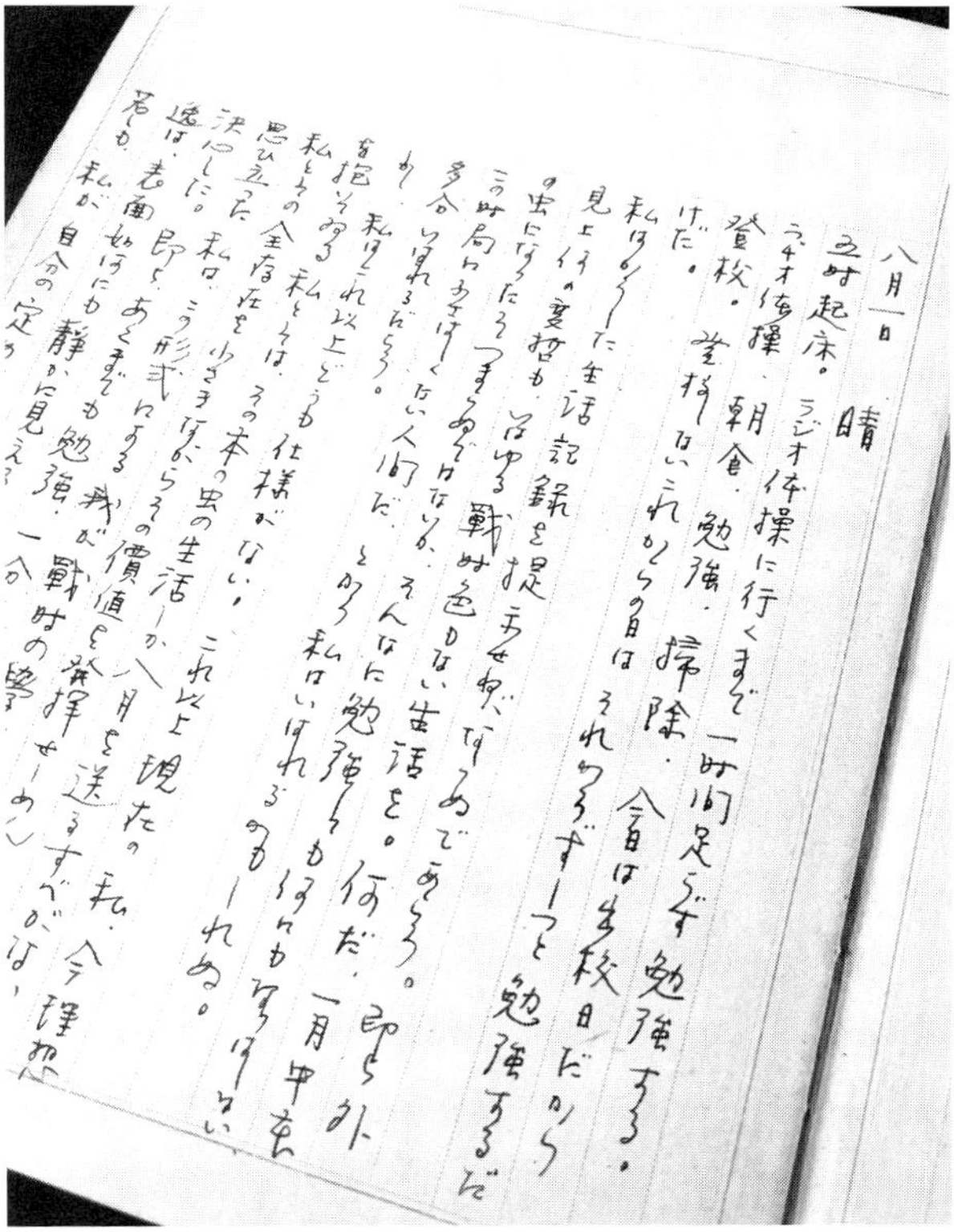

女専時代に書かれた戦中の日記。1943年8月のページには、「勉強」の文字が何度も登場する。

✢ハンブルグの爆撃は実にすごい。あれだけにドイツ国民が耐へていったらえらいものだ。ロンドンの市民も忍んだが。戦争は破壊だ、芸術を破り、道徳をみだす、などとこざかしいことを私もかつてはいったものだ。

しかし今はそんなのんきなことをいってゐられぬ。ただ現実を直視しのりきらんとする気持だけだ。（43／8／20）

翌月に迫った大学受験の猛勉強中にもかかわらず、ヨーロッパ戦線についてもかなり突っ込んだ見方をしている。当時としては新聞かラジオからの情報にも耳目をそばだてていたわけだ。「戦争は破壊だ、芸術を破り、道徳をみだす、などとこざかしいことを私もかつてはいったものだ」と痛烈に自己批判をしている。この期に及んでは、現実を肯定し、少女時代のセンチメンタリズムは一掃しなければならないと信じている。

海軍の戦果に万歳を叫び、こざかしい戦争反対に自己批判をし、非戦・厭戦の女学生は、すっかり戦争肯定の勇ましい軍国女専生徒に変身していた。それほど、戦時中の日本社会は戦争賛美と戦争協力一色に染まって、その猛烈熾烈な同調圧力は、少女の正義感や純真な反戦思想など虫けらのように吹き飛ばしてしまっていた。

章子は戦争中の自己の反戦から戦争賛成への変化について、後年述べている。

ファッシズムに利用される天皇制の本質などについてはまるで無知であった私の思想の弱点は、

私の反戦思想を、甘い感傷にとどめてしまった。（略）日中戦争についてあれだけ侵略戦争ときめつけていた私の感覚は、平和や社会についてのまともな学習がほとんどないために、英米相手の日本の戦いが、一体どういう性質のものかを見定める知性の広がりを持たなかった。むしろ阿片戦争や、九カ国条約の学習等から心中に燃えていた人種差別に対する怒りや、東洋を食いものにするヨーロッパへの不信等を、日本の無謀なたたかいの上にあっさり重ねてしまった。戦争に対するはげしい嫌悪感はもののみごとにごまかされてしまったのである。知ることは、人間の小さなただしい感覚を開花させるには絶対に必要である。

（『東北発信』271頁）

無知であることが間違った思想に導いた、無知はいけない、知ることが必要だ、と言っているのだが、阿片戦争などは無知ではなかったのだから、無知だけですませていいのか、少し疑問は残る。章子にしては歯切れが悪い書き方をしている。でも、こうした自分自身の変節を認めたからこそ、それは二度と繰り返すまいという思いは強く、それが後の憲法を守る婦人の会に注ぐ莫大な労力とエネルギーを生む源泉になっていたのである。

4．猛勉強して東北大学受験

四三年女専三年生の夏の日記は、上に述べた戦争観と大学受験の猛烈果敢な勉強漬けの日々を伝えている。本来なら四四年春卒業で、三月受験のはずだったが、戦争末期のこのころ、学校制度もたびたび変更されていた。高等学校や専門学校の修業年限が三年から二年半に短縮され、大学入学試験も半年早くなって九月に行われていた。

まずその時の受験科目を確認しておこう。同じ年に東北大学に入学した女子学生たちが、後に晩夏会の名で『東北帝国大学　女子学生の記録─昭和十八年十月に入学して』（以下『女子学生の記録』）という本を出しているが、この本によると、昭和一八年受験の章子と、前年の受験生とは科目も違っていた。一七年の受験者は「英語・国語・漢文・日本史・東洋史・西洋史・論理・心理・哲学・法学通論・経済原論」の一一科目を全部受けなければならなかったが（34頁）、翌年の章子のときは「英語・国語・漢文・日本史・法学通論・経済原論」以外は、「東洋史か西洋史」、「『論理と心理』か哲学」を選択することに変更され、八科目か九科目を受験するということになった。この選択の科目のうちでは章子は、

少しでも科目は少い方がいいが、哲学はたまらんと論理・心理にしました。（略）私は、東洋史は武帝ばかり出てきて、どの武帝か分からないので（笑）西洋史にしました。

（34－35頁）

ということで、結局受験科目は「英語・国語・漢文・日本史・西洋史・論理・心理・法学通論・経済原論」の九科目であった。これらの科目のうち、法学・経済・論理学は女専の科目にはなくて独学とい

うことになった。日記で見る限り、毎日の日程を決めて八月末までに全部終えられるように割り振っている。初日の日記である。

✢五時起床。ラジオ体操に行くまで一時間足らず勉強する。ラジオ体操、朝食、勉強、掃除、今日は出校日だから登校。登校しないこれからの日はそれからずーっと勉強するだけだ。(43／8／1)

そして、この日の学校での動員作業について書き、帰宅する。夜は「十一時まで勉強、寝」で終わっている。五時起床はその後もずっと守られ、起床後一時間勉強し、朝食後勉強を始め、夜は一一時まで「ずーっと勉強する」という日程で、夏休みがスタートした。普通の受験生の日程にはおそらく「掃除」は入らないところだが、章子の日課には掃除や洗たくは欠かせない。小学校時代から掃除は一家でしているし、家じゅうの洗濯物を女学校時代からしているので、受験時代であっても、それは章子の日課からは欠かせない家事の一つであった。次の日は、

✢五時起床。うらがなしいやうにほのぐ、あてに明けゆく空のたゝずまひ、かすかな朝ぎりがそこはかとなく流れる。今年はカナぐが早い。すがぐしい桐の梢でしきりとなく。ふつと目をさましたおぼろな朝のものうい気持に何と清純な歌。

いつもの如くラヂオ体操まで勉強。今朝は法律。

朝食―掃除―洗濯―勉強。歴史。（略）

歴史は明治史に入ったものだからやゝこしくて中々進まぬ。なんと多くの人々のすさまじい動きよ、（略）かうした心の活動が、遠い昔からうづをまいて来てゐると思ったら、これだけの国のはげしい営みの力の前にひれ伏したくなる。（43／8／2）

枕草子の冒頭を思わせるような、自然描写から書き起こしている。この日は、早朝は法律の勉強、午前中は掃除と洗濯の後、日本史の勉強をしている。明治に入って具体的な人物と歴史的事象がいくつも絡まって「やゝこしく」思われるものだが、それを学ぶことは、章子にとっては単に受験勉強の対象として知識を得るというだけではない。国の歴史の激しい営みを察知して圧倒され「ひれ伏し」たくなるほど歴史に深く入り込んでいるのである。単に外から歴史を眺めて試験のために覚えておこうという姿勢ではない。

源氏物語を読みふける

八月五日は、イタリアの戦況を憂慮し、女専の動員の生ぬるさを嘆いた後で、

✢今日の勉強は　歴史五十ページ、法律二十ページ、英語、源氏物語り　東屋。（43／8／5）と

記す。翌八月六日は、五日の続きの源氏物語を読んだことへの感想で全部埋まっている。

✢同じやうに判で押したやうな生活。

源氏物語宇治十帖を今よみ終へた。これは入学試験にくさいですよと東北の学生から教へて貰つたので、それではと読みはじめたが、受験のためといふことは全く忘れてよみふけった。分らないところは谷崎氏のをちよい〳〵見たが、原文を読むに如かずといふことをつく〴〵と思った。あれほど名訳といはれたものであるが、どうももどかしい、ほんとの味が出ない。原文で読む時、はじめてかゆい所までぴんとくるやうに感じた。私は光源氏のところよりどつちかといふと宇治十帖の方が好きだ。薫の現代的な性格も面白い。

何と深々とうつくしく、まくばられたたまのことば！ 私は小説によみふけるやうにたゞ面白くよんだ。恰度《ちょうど》更科日記の作者が日夜よんだ気持を小さくしたやうに。

類型的な人の集りのやうに思はれるけれど、決してさうではない。人間そのものについて、式部は実に的確な把握をしてゐる。薫は形式的生活と内面の精神生活を持つて、その間のさまよひに仏教の真の意義を把持しようとしてゐる。仏教の宗教性についても、式部は不思議に深く立ち入らうとする気配を見せてゐる。とにかく、これだけの人を自由に構成したのは何といつてもすばらしい才能だ。

試験準備の予定表の中で予定より早くをはったのはこれだけだから現金なものだ。（43／8／6）

古文の中でも難解とされる源氏の原文を「小説によみふけるやうにたゞ面白くよんだ」というのだからすごい。古語にも古典文法にも通暁し、平安文学に熟達していなければ「小説を読むようにただ面白く」読むことはできない。たまにはわからないところにも出くわして、そういうときは現代語訳の名作とされる谷崎源氏を参考にした。ところが、「どうももどかしい、ほんとの味が出ない。原文で読む時、はじめてかゆい所までぴんとくるやうに感じた」というのだからおそれいる。谷崎の訳では「かゆい所までぴんとこない」から結局原文にもどったほうがよくわかるというのである。二〇歳の女専生徒が谷崎源氏の限界を感じ取っている。

平安時代の他の文学作品も熟知している。「ただ面白く読みふける」のを「恰度更科日記の作者が日夜よんだ気持を小さくしたやうに」と、更級日記の作者が、次々にとどく源氏物語のまきまきを待ちかねて読んだというエピソードに自分を重ねている。

源氏の作者、紫式部論も秀抜である。「人間そのものについて、式部は実に的確な把握をしてゐる。薫は形式的生活と内面の精神生活を持て、その間のさまよひに仏教の真の意義を把持しようとしてゐる」と、式部の描く人間像を的確だとほめ、また宇治十帖の主人公薫を、その形式的生活と精神生活の葛藤を仏教に昇華させようとする人物として描いているとみる。そして、そういう人物像を創り出す式部自身の仏教への親和性を感じ取り、「仏教の宗教性についても、式部は不思議に深く立ち入らうとする気配を見せてゐる」という。「立ち入らうとする気配を見せてゐる」という書き方は、意思を明確にストレートに表明することの多い章子の表現としては、やや歯切れ悪さがあるが、さすがに断言するほどの材料は持ち合わせていなかったのだろう。

当然のことながら平安文学には句読点はなく、現代人には文や句の切れめを目で知ることはできない。多種多彩な人物を、複雑な修飾句や込み入った敬語のレベルで読み分けなければ物語の展開についていけない。現代語訳もすでにたくさん出されているが、今もなお挑戦する文学者が続出している。ということはそれほど、多様に読み取れるだけの深さと味わいを蓄えた作品と言える。そうした作品をやすやすと読みこなし、小説を読むように楽しみ、その作品に自分なりの評価を下している。その一連の作業が受験勉強としては例外的に楽しく速やかに終えられたから、章子は源氏読了を記す日記の最後に「試験準備の予定表の中で予定より早くをはったのはこれだけだから現金なものだ」と書き加える。自分で予め決めた時間よりも早く終えられたことを、「現金なものだ」と、我ながら呆れて洩らしている。

政党の党争史にあきれる

他の科目も着々とこなしている。

✣日本歴史一覧し終へた。何しろ七百五十ページだから少々参った。始めの方はそろ〳〵忘れてゐる頃だ。現代史になって面白く思ったのは政党だ。よくもこんなに争ってばかり居たものだ。(略)孟子もこれで一ぺん武内氏のをよんだ。〝詩曰〟だけは中々よめないので困る。孟子は随分はなやかな人だ。天命の直視といふより、地に花咲かすといった点が多い。(43/8/8)

日本歴史は、八月初めからの勉強の科目に入っていて、五日には五十ページ終えたとあるから、毎日その程度ずつ読んできて、ひととおり読み終えたということであろう。七百五十ページもの大冊である。読み終えて「現代史になって面白く思ったのは政党だ。よくもこんなに争ってばかり居たものだ」と記す。受験のために知識を詰め込むというのでなく、読んだ対象から自分の意見や感想を引き出すのが章子流読み方である。

この日は漢文の勉強もしている。前の節でも述べたが、漢文は男子の中学校高等学校では必須科目であり、重要視されたが、女子教育ではそれほど重要視されていなかった。その実情を後の章子に述べてもらおう。

✢国漢などと呼ばれるように、中学では男の子はそれこそ一年から「子曰ク」でしばられていた。四年、ないしは五年になれば相当な力をつけることができた。英語教育に匹敵するだろう。

ところが、私たち女に関しては状況はまるでちがった。私が教科として漢文に接したのは、なんと四年生の三学期である。だから男子が五年間みっちり漢文をやっているのに反し、女子の方は一年と三カ月ほどである。この弱点は後に大学受験の際私を大そう困らした。漢文試験は私の元凶のようなものだった。(「私の被教育史」5頁)

その不安の元凶に挑んで「孟子もこれで一ぺん武内氏のをよんだ」と記す。中国哲学研究者であった武内義雄《たけうちよしお》(1886－1966)は、一九三六年に『支那思想史』を、一九三九年に『論語の研究』を出版しているし、後の全集に「孟子」も収めているので、それらの文献を参照していたのであろう。それを読んで「孟子は随分はなやかな人だ」と記すところが章子である。受験勉強の枠を超えた孟子自身に迫る読み取りをしている。

その後、「午前中ずーっと法制」「夜、十一時まで心理」（8月9日）、「頭がわれさう。お腹はいたくてく、ものうい勉強」「法律を五十ページ」「心理を五十ページ」（8月10日）、「心理五十ページ。めちゃくちゃにつめこむ」「もう二十日しかないのに西洋史は全然白紙」（8月11日）、「西洋史百十一ページ」「心理、例のごとく五十ページ」（8月12日）と、体に変調をきたしたり、焦ったりしながら自分のきめた分量に挑戦してゆく。

✣今日も西洋史百十ページ読みとほした。中世に入ってサラセン人のところもすんだ。一月程前だったら一日に百ページなんてとてもやる勢力も気概も出てこないけれど、いよくどたんばとなるとこの通りだ。どうも私は自分の家に火がつかぬと動かぬらしい。西洋史は大そうおもしろい、殊に今やってゐる本は大類博士ので単なる事件の羅列でない。各事件の意義、文化的史的価値など深く書いてあるので大そう興味深くよまれる。

受験勉強でも、勉強そのものをやっている時は受験のことなど忘れてたゞ対象あるのみだ。ぼーっと一服する時に、色々とあれこれ妄想が浮んで来る。とにかく勉強はいゝことだ。（43／8／13）

大類博士のとは、大類伸『西洋史新講』（冨山房、1935）のことで、「単なる事件の羅列でない。各事件の意義、文化的史的価値など深く書いてあるので」興味深く読んでいる。「とにかく勉強はいゝことだ」と言いながら受験勉強ができることはすばらしいことだ。

一夜漬けをこなす

その後も、「西洋史半分近くまで来たので大へんうれしい」(8月15日)、「心理一冊だけはよみをへる。西洋史ナポレオンまで」(8月17日)、「西洋史のスピードはよく進んだ。世界大戦まですゝんだ。あすで全部すんでしまふ。うれしい。そしていよ〳〵後十日間に総復習だ」(8月19日)と、途中では「私は少々まゐってきた。精神的重圧を感じてくたびれてゐる」(8月18日)と弱音を吐きながらも、予定どおりの分量をこなして総復習までこぎつけた。そしていまさらの感もあるが今までの勉強のやり方をひどく反省もしている。

✢実をいふと私の勉強の仕方は大へん悪かった。あまりにもせっぱつまりすぎてゐるのだ。これから出発までの一週間あまりがなかったら完全に私は落第だ。いけなかった。もっと早く完成しておくべきだった。どうも私の一夜漬性格はいけない。と今更いっても仕様がないので、とにかく、ゆくまでがんばるより仕様がない。(43/8/20)

こうして一夜漬けを続けて、「今日は論理と経済」(8月21日)、「経済・論理に一日暮る」(8月22日)、「貨幣制度……グレシャムの法則……!」(8月24日)と残りの科目をこなしていく。

✢今日仙台からのお知らせによると、従来の法文系統の中今年は法科の傍系入学が不可能なものだからその法科志願の人が皆文科へ来るといふことだ。競争ははげしくなるでせうと書いてあるので、段々こはくなって来た。実際、今のところ私は相当あやしい。（略）それほど人数は少くなささうだ。

とにかく私は本当の受験気分を味はったことがないので、胸がほんとにどきどきして仕方がない。どきどきしても仕様がないが。（43／8／25）

いよいよさし迫ったというときに、文科の志願者が増えそうという新しい情報も入り、「段々こはくなって」もきている。いままで受けてきた女学校の試験も女専の試験も楽勝で「本当の受験気分を味はっ」てこなかった。今回こそ初めての受験ということで胸が「どきどきして仕方がない」と、不安と緊張の混じった本心を吐露する。だが、自信なげに深刻に不安を述べた直後に「どきどきしても仕様がないが」と、覚めた眼の章子がいるのがおもしろい。こうしてあと数日、法律や日本歴史の復習をして最後の日記となる。

✢今晩ねたら明日は出発、実をいふと準備も少々不足だが。英・漢はもうその場任せとしても。しかし気持は却って落着いた。平気な感じ。（略）

母の熱が高いので少々心配だ、実際この夏休は気ばかり使って貰ったので。

きのふ夜更しをしたので、私の熱は一日七度二分だ。身体があつく思はれる。（43／8／28）

不確かな選抜情報に翻弄されて

出発前夜だ。二二日ごろから七度二分の熱が続いていて体調も完ぺきとは言えないが、短期間にたくさんの受験のための本を読み、知識を詰め込んで、もう今となっては不安も緊張もない「平気な感じ」で安心立命の境地にたどりついた。母の熱と、自分の微熱が気になるが、それも何とか乗り越えられるだろう。八月二九日、父・文章の同行を得て、章子は仙台へ旅発った。

こうしていやなことばであると章子がたびたびいう傍系の受験者として章子は仙台の東北大学の試験に臨んだ。東北大学を選んだ理由は、以下のようであった。

✢なぜ東北で九州でなかったかということですが、(略) 向うは英作文がありましたよ。英語教師の娘でありながら、それはいやあと思って (笑)、それとやっぱり『おくのほそ道』なんか読んでみるとそれを辿ってみたいという気もあって選んだわけですが、それと何よりも土居光知先生に父の面倒を見て頂いていまして、さんざ東北のいい所をいっぱい伺っていたんです。それで私はもう非常にすんなり東北大を受けることになりました。

(『女子学生の記録』32−33頁)

土居光知《どいこうち》(1866−1979) は著名な英文学者で、当時東北帝大教授、英文学者の父も師事していた。奥の細道にあこがれ、土居の影響もあって東北大学を受けたのであった。東北大学の入学試験それ自体も、右で章子が述べている「高等学校卒業と同じ力があるかどうかを問う試験」(検定試験) と、高等学校卒業者の受ける選抜試験と二つの試験が課せられるか、あるいは検定試験だけなのか、ぎりぎりまで受験生にはわからなかった。章子もそのことを大学に直接問い合わせている。

　✢朝の郵便で入学心得来る。さすがにいよ〳〵本ぎまりとなり胸がどき〳〵する。選抜があるのかないのかどうも分らぬので早速きゝかへす。もしあると、九月六日までで、こっちの試験を完全に穴を明けてしまふので少し残念だ。推薦書はつまるところ、女子専問《ママ》学校の者は不用とあった。随分先生をお騒がせして申訳ないことをした。何しろはっきり分らないので。

　考へれば考へるほど女が大学へ行くといふことはよけいなことのやうに第三者に思はれているらしい。（43／8／9）

大学から入学心得が届いて、推薦書が必要でないことはわかったが、選抜試験の有無はわからない。それで、早速問い合わせている。もし両方の試験があるとすると、九月六日まで仙台での試験が続くことになり、女専の卒業試験と重なるので、それは困ると思っている。推薦書は当初必要とされて、学校の先生に頼んで書いてもらったのだが、それは今度は要らないと言ってきた。こうして振り回されるのは女性だから、つまり「女が大学へ行くといふことはよけいなこと」と世間に思われているからだ、と腹立たしい。

試験まで一か月もないのにまだいろいろわからなくて迷わされている。一三日にその返事が届いている。話は少しそれるが、四日間で京都仙台間の郵便が往復しているのには驚く。戦時中でもこのころはまだ、郵便事情は順調だったのだ。

✝検定試験のあることを知る。いよいよもって試験のおそなへだ。(43／8／17)

この前日の日記に「高尾先生よりのお知らせ。恐縮」と記しているので、担任の高尾が検定試験があると知らせてくれたのであろう。結局、選抜試験と検定試験と二つとも受けなければならなくなったのである。その最終宣告を受けた直後の「いよいよもって試験のおそなへだ」に、章子の本領がのぞいてゐる。試験が重なって困るのだが、それを神仏に供える盛りだくさんの「お供え」にたとえるユーモア、成人して後の話術の巧みさで人を魅了した章子の機知にとんだ表現力の素地がすでに芽生えている。

ただし、この二種類の試験は二転三転して、実際には一つですんだようだった。後年章子は「私たちの時はラッキーだった。二回試験を受けなかった！　科目も減った」と、座談会で話している。(『女子学生の記録』37頁)

第
2
章

国語学との出会い

1. 戦時下の学生生活

章子は東北大学法文学部にめでたく合格した。この年の合格者は東北大学全体で八五一名、法文学部は三五七名、内女子九名であった。なんと女子は二・五％しかいなかった。子供の時から「大学へ行く」と決めていたその希望がかなえられた。後でこっそり聞いたところでは三番で合格していたとか。その舞い上がるような気持ちを章子の口からききたいものだがその時期の日記は残されていない。女学校時代から熱心に日記をつけてきた章子だから、意気揚々と勉学に励む日常を日記に刻んでいたはずだ。それが残されていないのは、戦争末期、仙台空襲で下宿を焼け出されたときに焼失してしまったからだ。章子は空襲の被災体験を伝える文章の中で書いている。

たかが下宿先の被災といっても、私も多くのものを焼いた。丹念にとっていた貴重なノート、短い歳月ながらそれでもかなり買いためていた書籍、（略）折々の日記。すべて烏有《うゆう》に帰した。

（『東北発信』228頁）

このため、章子の大学生活を日記から窺うことはできないが、幸いなことに、母しづの没後二年一九八三年夏、章子が大学時代に家郷に送った手紙の束が、母の小さな押入れの中から見つかった。それを章子が抜粋し、編集した『東北発信』によって、おおよその大学時代を知ることができる。後年受験地獄の時期のことを述べている。

「言葉も出なくなる程勉強して、それから溜息もつくのがよいのだと、あの八月＊の苦しかったことを追憶しております」（『東北発信』24－25頁）と記している。

＊一生のうちであれほどむちゃくちゃに知識をつめこんだこともなかった。

さて、さまざまな障壁を突破して始まったほこらしい大学生活を母に伝える手紙を見ていこう。

お母様、
今日は無時入学式を済ませました。明日から授業があります。（略）
学校のことは追々知らせるとして下宿のこと。パパからの大体話はお聞きでしょうが、二日ねて少し慣れました。同宿の洋裁の子が大変親切にしてくれます。今日も歯の痛いような新しいリンゴをかじらせてくれました。一人は石巻、一人は平泉の近くの人です。そして平泉へ是非こいこい、泊りがけでといいますので、暇をみていつかゆくかもしれません。（43／10／1）

「パパから聞いて」というのは、八月末に大学受験に仙台に来たとき、父・文章が同行していて、そのとき、合格した時の下宿を、父が自分の調査する和紙の関係者に頼んでおいたことを言っている。当時仙台市内で下宿を探すのは大変だったらしく、父の知人の紹介の下宿もふたりの洋裁学校生徒と同室であった。

大学での専攻についてさっそく面くらい、迷っている。

母へ

今日小林先生（小林好日《こばやしよしはる》、1886―1948）のところへ出かけましたが、あんまりいろいろやることをいわれて面くらいました。何しろ女専とは違います。小林先生はフランス語を絶対おすすめになりまして、（略）やはりその通りにしなくてはいけないだろうと思います。（略）

何を研究題目にするのですかといわれて、Mさんは江戸時代の言葉とはっきりいわれ、貴女は、ときかれてまさか何が何だか見当がつきませんともいわれず、標準語に興味を持っておりますと漠たることを述べました。他に面白そうなことは一ぱいで困ります。（43／10／3）

国文学から専攻を変更

東北大では国文学専攻と国語学専攻が初めからわかれていて、章子は初めは国文学を考えていたが、父の師でもある土居光知に勧められて、合格後国語学を専攻することに変えた。初めから国語学を志望していたMさんはすらすら答えられたのに、章子はしどろもどろであった。大学入学後専攻を慌てて決めたことについて章子はたびたび語っている。男子と違って、大学教育が女子には狭い門しか開かれていなかった時代、どうやって大学に入るか、どうすれば帝国大学に入れるかまず大学に入ることに頭を悩まし続けてきて、その大学で何を学ぶかを考える余裕はなかったと。

アカデミズムの世界に足を踏み入れた章子の周りには、土居など、すぐ手の届くところに超一流の学者研究者たちがいた。国語学専攻ときめた章子の指導教員は中世語研究の第一人者小林好日であった。章子は早く学問の世界に触れたくてうずうずしている。

両親へ
今日は初めて講義をききました。沢山あっちこっちでお話があるのでどれもこれもききたくてうずうずします。（略）単位はできるだけをつくして十六とることにしました。（43／10／4）

単位を一六とるといっているが、その後の手紙で結局一八科目の時間表が示されている。それをみると、月曜日から土曜日まで午前中は毎日二科目、午後は四日間二科目取るという過密な時間割である。英語・フランス語・中国語の三外国語をとり、国語学・国文学・言語学など専門科目が六科目、教養科目・教職科目が九科目と猛烈旺盛な向学心である。

両親へ
大体時間割を決めましたからお知らせ致しましょう＝図2。
時間割が変って支那語にも出られるようになりましたので、これも出るつもりです。十七は少し多いかもしれませんが。十八位取る人もありますし、やってのけるつもりです。（43／10／5）

この時間割を数えてみると一七どころか一九科目にもなる。どれか単位にならないのがあったのだろうか。それにしてもものすごい勉強志向。専門以外に哲学・心理・教育・美学まで履修しようとし

	8～10時	10～12時	1～3時	3～5時
月	言語学概論	日本思想史	支那哲学特殊講義	
火	国語学特殊講義	心理学講義	支那哲学普通講義	
水	教育学概論	仏語初級	国語学演習	国史概論
木	英　語	国文学演習		支那語初級
金	国語学普通講義	近世哲学史概説	国文学講義	教育学概論
土	支那哲学購読	東洋美術史概説		

図2　東北大学1年生の章子が履修した時間割

ている。

この年一〇月二一日、東京では明治神宮外苑競技場で学徒出陣の大学生たちを見送る壮行会が開かれていたが、仙台でも同じことが行われていた。

両親へ

八日には午後壮行大会（全学部）がありまして、式後護国神社に参拝しました。仙台の護国神社は青葉城址のてっぺんの高いところにあります。私はへっちゃらで上りましたが、フウフウ言ってる人もありました。それからまた学校へかえり、法文の学生にはお弁当と果物が出ました。（43／10／10）

この後も同級の男子学生が出征するのを見送ることになる。同じ小林教授の研究室からも戦地に赴いたまま帰らない学生もいた。女子学生は農家への勤労奉仕というのがあった。「仕事は豆ぬきや畑の草とり、里芋堀り、一日中仕事で、中腰、畑の草取り四時間もしたら相当のびますよ」（43／11／22）と両親への手紙で書いている。冬休みは懐かしの帰省をし、一月にはまた教室に戻ってきた。

両親へ
授業もどんどん進行してゆきます。休講も少なく、先生方もやはり一年完全に講義出来るか出来ないか分らないものですから必死でやってらっしゃいます。とにかく四か月は理屈から言えば勤労奉仕なんですから。（略）
岡崎先生の御本『日本芸術思潮』第一巻が出ました。〝漱石〟の則天去私です。（略）講義に出ている者には皆下さいました。（略）芸術思想という観点よりみれば、こんなにつっこんだのはえらいと思います。ちなみに言うと、先生は漱石を高く評価していらっしゃいます。ただし岡崎先生が索引など作るのは男の仕事でないとおっしゃったのはどうかと思うのですが。（44／1／26）

著名な国文学者岡崎義恵《おかざきよしえ》（1892－1982 文芸学）の講義も受けている。受講学生は、師から刊行したばかりの著書をもらえるというぜいたくな講義である。その高名な学者の著作を学部一年生の章子が「こんなにつっこんだのはえらい」と評価している。えらいと判断するだけの力が十分備わっているからこそ言えることばである。しかし、どんな偉い学者でも「索引など作るのは男の仕事でない」などという女性差別的な発言は許せない。

女の身では無理と自己規定

岡崎教授の発言は聞きとがめた章子だが、自身のことになると、自分で女を低く見ているところもあった。

母へ

方言も面白いが、女の身としてそうあちこちとび歩きも出来ないしなど考えています。標準語なんて好きなものはもっと大きくなって、色々の知識を得て、一つの自己の体系を作り上げてから生みだしましょう。

石塚竜麿《いしづかたつまろ》（1764－1832 江戸後期の国学者）のような目立たないコツコツした仕事が女の学問にふさわしくないでしょうか。（44／2／1）

方言調査で各地を飛び回るのは「女の身として」は出来ない、とか、「目立たないコツコツした仕事が女の学問にふさわし」いなどと考えるのは、当時の一般的な考え方だったとしても、女学校時代、女をかたにはめるような言い方で書いてあるので、「しゃくにさわってならない」と言っていた章子と同じ人物とは思われない後退ぶりである。女の子でも大学に行けるといって育ててくれた親の教えとも違った考え方であった。女を取り巻く女性劣位の社会思想は、親の考え方や章子の必死の思いよりもはるかに強くて、章子もその束縛から逃れられず、つい、こんなしおらしいことを言ってしまったのだろうか。

戦局が緊迫するにつれて、章子は、法文の学生として学業をなげだして軍事生産に挺身すべきではないかという気持ちと大東亜建設には法文の力が求められているという使命感との矛盾に悩みだす。「今に対して一番お国に役立つには？しかしとにかくいつ死んでもよいように、その日々を完全に悔いなくすごしたいと思っております」（44／2／28）と殊勝な決意を述べる。「いつ死んでもよいように」などのフレーズは平時にはそう簡単には口にできない。「死」がかなり日常化してきた世相だからこそ、章子もさらりと書き残している。

五月には学年末の試験があり、「支那語・英語・支那哲学特殊講義―普通講義・言語学・国語学概論―特殊講義・教育・国史」と皆の中では最多の科目を受けた。「私はごく陽気なたちですので、いかに試験勉強をしたって、まあエンジョイするつもりでやりました。そして楽しい快い緊張の一週間を過ごしました」（44／5／18家族一同へ）と、たくさんの科目の試験を受けながら「エンジョイ」し、「楽しく快」くすごすというのだから、やはり普通の大学生とは違う。馬鹿のつくほどまじめで、心底勉強が好き、底抜けの楽天家だったといえよう。

男子学生の出征が増えるにつれて授業の質も変わってくる。

母へ

このごろ小林先生授業が女ばかりになって、気が抜けたような講義してらっしゃるので女なることをかこっています。好日先生は教育家ではない一個のわがままに近い男子であらせられますか

ら困ったことです。（44／5／27）

指導教官の「気の抜けたような講義」こそが責められるべきなのに、自分で「女であることをかこって」どうするのと言いたいところだ。当時の帝大の教授の地位や名声を考えたら、そう簡単に責めたりできなかったのだろうか。しかし、戦争で男子学生がいなくなった教室で、気の抜けた講義をしていた帝大教授がいたとは初耳であり、許しがたい情報である。戦争は、教授の講義も簡単に変えてしまうものなのだ。それにしても「好日先生は…わがままに近い男子であらせられます」とは、ものすごい敬語である。気の抜けた講義をする教授を天皇並みの「あらせられる」で表現するとは、今なら皮肉だと受け取るところだ。いや、この手紙群で両親に対しても一貫してレベルの高い敬語を使って書いている章子だから、この敬語はまじめだった。

学徒動員で造幣廠へ

一九四五年、二年生の冬からは学徒動員で、苦竹《にがたけ》という仙台の郊外の地にあった陸軍造幣廠《しょう》仙台製造所で働くことになった。軍の大規模な施設なので、設備も食事もよく、比較的快適な職場だったようだ。

両親へ

仕事はたのしくやってますから御安心下さい。仕事の分担は〝学徒管理に関すること〟と定りました。（略）防空壕もとても上等、八人ずつ入れて、ちゃんと自分のはいるところも定まっており、椅子もあり、そうした方面は大丈夫です。（45／1／26）

両親へ
今朝九時前、空襲警報（ト、ココマデカイタラまた警報、皆トンダリハネタリ大騒動。非常持出ガ多クテ）が出て一騒ぎしました。といっても混乱したのではありませんから御安心を。（略）朝は福島県まできてマワレミギをしたのでまもなく解除でした。（略）
　この間、六機、敵機来襲、退避、何ら事故なし。（45／2／18）

二月には仙台周辺にも米軍機の来襲があり、戦局はますます厳しさを増していた。空腹を訴える手紙が多くなっている。「ゴハンもすごく少くなって、お弁に七分位」（44／11／12）、「おなかが空いて仕方がなくなりました」（45／1／26）、「そばこでもなんでも送ってほしい！ペコペコ」（45／1／29）。小学生の頃から食欲盛んで「三杯でも、時によると四杯もおかはりをした」章子にとっては、戦時下の食糧難は人一倍辛いものがあったろう。
三月の手紙では動員先での女子学生の在り方について両親あてに書いている。

両親へ
琉球にも上陸が実現した今日、父様や潤もいつどこへ行かねばならぬか分かりませんねえ。（略）

しかしこういうところに来るといろいろの衝突も多うございます。（略）男子学生対女子学生の問題です。この間はMさんが猛烈に議論をやりにゆき、明治維新前から滔々《とうとう》とのべたてたのですが、どうもかえって悪い影響を残したらしく、結局はまた女学生の貫録を下げたことになったらしいです。（略）Mさんの言うことは論理明晰、議論そのものとしては甚だ立派なのですが、土台となる女全体の世界がやっぱり貧弱なのでしょうか。私たちにはまだ確乎たる基礎性がないのです。ああ、女であることはつくづく口惜しくいらいらすることです。ですから私もボンボンけんかばかりしないで、うんと仕事をして、自然に男の人々に認識して貰うような態度にします。怒る時も余裕をもって堂々ということにしようと思ってます。〝ふくれる〟というようなレッテルをはられて女の怒りが示されるのはあまりにも口惜しいことですので、男と対等の怒り方をしようと思ってます。（45／3／29）

「琉球にも上陸が実現した今日」とは米軍側から見たようなひどく突き放した書き方である。その時沖縄では、海上から攻める米軍が大艦隊を轟音と共に上陸させ、猛攻撃を開始していた。島の各地では多くの民間人も巻き添えにして凄惨熾烈な沖縄戦が繰り広げられていた。その実態が明らかになるのは戦後の沖縄の占領が解けてからだから仕方がないことかもしれないが、「上陸が実現した」は、沖縄の人たちから見たら、我慢できない表現ではなかったか。

動員先での男子学生との論戦も起こっている。Mさんが何か不合理なことについて歴史的事実から滔々と述べたらしいのだが、その理路整然が反感を与えたらしく、却って女子学生の評判を落として

向日庵に残されていた寿岳家の写真。左からしづ、文章、潤、章子

しまったことを嘆いている。理屈っぽい女は煙たがられるというまさに今日に通じる話題である。それを女全体の世界が弱いから、しっかりした基礎がないからと章子は自省的にみている。さらに、章子自身も「自然に男の人々に認識して貰うような態度」をとり、「怒る時も余裕をもって堂々と」していたいと考えている。女が怒ると「ふくれる」と言われるが、それは女の怒りの真実を捉えず表面だけみて軽くあしらわれること。だからそういうことのないように、「男と対等の怒り方をしようと思」うのだ。「認識して貰う」と言い、「男と対等の怒り方」と言い、まだ、女は男と比べて一段低いものとみている。

なお、ここで「〃ふくれる〃というようなレッテルをはられる」は懐かしい表現だ。第四章の『日本語と女』の「第一章　うたの中の女」の小見出しに「レッテル」というのがあり、みずからのレッテルはりの例として「私、ダメね」「いけない娘」などがあげられている。また「第二章　はみで女」の最初の小見出しに「日本人のレッテル好き」があり、「人はしばしば他人に対してレッテル貼りを行なう」という。要するに、女を非難・叱責・拘束するために使う、実体のないきめつけのことばをレッテルといい、章子の女に関することばを論じる時のキーワードの一つが「レッテル」であった。そのレッテルが戦争末期の大学生時代にすでに使われてるのを知って、つい「懐かしく」思ってしまった。

その後、大阪の空襲のニュースを聞いて京都を案じたり、動員先の造幣廠の上空にB29が飛んできて防空壕に入ったり落ち着かない日が続く。「お母様はまことに私の友である」と言いながら母にあてた手紙には、

お母様！すっかりつかれましたよ。……ナミダ。（45／6／6）

と書く。まさに今のスマホやメールの書き方ではないか。顔文字絵文字の「ナミダ」にも通じる。やはり章子は新しい人だった。

焼夷弾を叩き消す

同書の手紙は七月五日を最後に三か月間途切れている。その間に仙台空襲があった。同書では手紙の途絶えた空白の期間が「補記」として記され、空襲の詳細を伝えている。それによると、七月一〇日の空襲で、二万三九五六戸と五万一八三二人が罹災し、八二八人が死亡した。その夜の様子を章子は書いている。

眠りについてすぐ、真夜中に空襲警報は鳴りひびいた。荒川夫婦（遠藤注：下宿していた家の持ち主）も、私も、モンペ姿に非常袋をかけ、家の下の崖に作られていた待避壕に一旦入った。（略）不運にも荒川家を中心にした辺りは焼夷弾を多く受けた。目と鼻の先の泉家は助かっている。風向きのおかげであろう。

さて、一旦壕に入った私は何となくそわそわしてひとり壕を抜け、荒川家へ戻った。ちょうどこの時、何発かの焼夷弾がバタバタという感じで屋根にふりかかった。火叩きを掴んで（略）私はいそいでかかっていた梯子で屋根に上がり、二発くらいは叩き消した。しかし、前のを消せば後で燃え上がるというしまつで、一人がドタバタしたとてどうなるものでもない、私はあきらめて下へ降りた。燃えてゆく我が住み家を眺める何とも言えぬ心境。荒川夫婦もいつの間にか立ちすくんでじっと炎をみつめていた。（略）

夜明けのしらじらあけ、私はなつかしの東北大法文学部にいた。先生方の居られた研究室棟からは煙が上がっている。（略）集まっていた学生たちといっしょに、私はくすぼっている本の運び出しをやっていた。この時の消火作業は翌年おほめにあずかって表彰状を頂いた。こんな賞状持ちの大学生はそうあるものではなかろう。

さて、勤労動員は放ったらかし、大学に連絡して私はやがて京都に帰った。ドロドロのすさまじい姿で。何しろ空襲の日から着たきり雀である。罹災証明書というものが出て、無賃で京都に帰りついた。「焼けたァ」と言って帰りついた私の姿は哀れでも滑稽でもあったと母は後々まで語り草にしていた。（226―228頁）

とっさの行為とはいえ、屋根に上って焼夷弾を叩き消すとは、なんと無謀なことをしていることか。一つ間違ったら、自分の身に火が飛び移ってくる、屋根から転げ落ちたらもうおしまいではないか。それにしても、焼夷弾を叩き消した大学生がどれほどいたであろうか。また、大学の火消し作業で帝大総長から表彰状をもらったという話も確かに珍しい。戦争の実体験の貴重な証人がここにもいた。

「罹災証明書というものが出て、無賃で」帰れたというのはよかった。罹災証明書と言えば、昨今の災害で家が壊れた時など、この証明書がなかなかもらえなくて困るという話をよく聞く。でも仙台ではすぐ出してくれたらしい。どこの役所に行ったのだろうか。あるいは、大学の事務局が出してくれたのだろうか。台風の時でも地震の時でも、こうした交通機関が無料になる罹災証明書があればいろいろ助かる人が出てくるのではないかと思ってしまう。七九年前の空襲のことがいやに現実味を帯びて迫ってくる。

2. 戦敗れて卒論制作

一九四五年一〇月に戦後初めて書き始めた日記帳は、B４サイズの和紙一二枚をそれぞれ半分に折って重ねその右端を細い糸で簡単に袋とじにした手製のものである。紙が不足していた時期、おそらく父親の収集していた和紙をもらい受けた貴重な用紙であっただろう。

表紙に「みちのくのことごと　じゆがくあき子」と達筆な崩し字で書かれている。よってこの日記は「みちのくの日記」としよう。表紙をめくった裏には、

✢われみちのくのとち仙台に三年をおくりぬその間のことどもつふさにふでに記しはおけども去んぬる七月十日の火にてことゞくやきさりぬ止りて最後の一年の残のまねびの生活をこの紙にしるすべく今日より明日へのわか生活のしるべとなすべし

昭和二十年十月九日

と筆書きの古文で記されている。国語学の中世語専攻となると、この程度の古文を綴るのは何でもないことなのだろうか。ここで、仙台の三年間のことを書いたものは「七月十日の火にてことごとくやきさ」ったことがはっきりした。なお、三年としているが、四三年一〇月から四五年七月までのことだから、足かけ三年ということになる。

みちのく日記は一〇月九日、京都から仙台の下宿に戻るところから始まっている。

✢九時三十分疲れ果てた身体で、しかし心はをどりつゝ中田着、いつもならば仙台まで向ふ筈を、中田で降りるやうになった。汽車は騒をのせさり、雨しと〳〵の田舎の一小駅はものさびしい。(略)水を含みがちの田舎道はどろ〳〵で難渋をきはめたが漸《ようよ》う阿部氏宅に辿りつく。聞いてゐた面白い門づくり。むかへた時に騒がぬけれどいつも〳〵心あたゝかくぬらしてくれるやうな人々。老夫婦、若夫婦、子供達皆よい人々である。勉強に最適とはゆかないだらうが少くとも生活には好適、あるいみの生活、私の一生を通じてもエポックとなる愉快な生活がくりひろげられてゆく。

家のまはりはうつくしい。青竹のかげがしっとりに座敷へ流れ込む。ひそやかに、雨降る時は影おもく〳〵。（45／10／9）

しっとりとした美しい文章である。仙台市内の通学に便利だった下宿は空襲で焼けてしまい、父が紙漉きの縁のある人に頼んで、やっと引きうけてくれた阿部さん宅が戦後の宿に決まった。新しい下宿の最寄り駅が中田駅（今の南仙台駅）であった。いつも降りる仙台駅より手前で降りて、田舎道を三〇分ほど歩いたところに阿部宅があった。京都からの長旅で疲れ果ててはいたが、再開できる学問への喜びに心は躍っていた。しかし、これ以後、子供たちにまつわりつかれて手を焼くことになる。

✢げに子供たちのさわがしきことよ。ほと〱疲れてしまった。まるで託児所だ。いくら私が子供が好きだからとて自分を犠牲にしたくない。（略）あゝ困ったことだ。これからの日曜毎かうしたさわぎかと思へばそれだけでむうーとくたびれる。（45／10／14）

まだ「女は無知」と考えていた

敗戦を京都で迎えた章子は、一九四五年一〇月、仙台に戻ってきた。大学三年生の新学期が始まった。大学最後の年、卒論の年である。下宿は焼けてしまったから、また父の知り合いを通して紹介された新しい下宿である。仙台市内には探せなくて、仙台駅から汽車でふたつ東の中田駅（現在の東仙台駅）で降りて、田圃《たんぼ》の中を半時間ほど歩いた農家である。祖父母と父母子供三人の家庭で、家では子供の勉強を見させられたり、収穫の手伝いをさせられたり、章子には自由に本を読む時間がないのが苦痛だった。一〇月からつけ始めた和紙を綴じた手作りの日記帳には、自然の推移や、下宿の人々のこと、農村の行事などが美しい文字で記されている。

✢おひるからおばあさん、亮子ちゃんと柳生の演芸会へ。（略）青年団の人々、なんて下品で下手くそだらう。真の農村演芸はやはりそんなものではないと思ふ。

女は無智で男は無恥だ。田舎の自然はうつくしくたくましいが、中々人の心はそれに伴はぬ。悪徳のきびしい現実は何処にもある。時も時、女子参政権与へられる。あつさりと戴いたが、さて人の心は羞恥《しゅうち》や嘲笑にみちてゐる。男女共に相対的人間として何故正しく考へられないのだらうか。世の中の人はあまりにもきたなく馬鹿だ。いや馬鹿でもいゝが潔癖ならざるけがれ、動物的感情にみたされてゐるのが厭だ。（45／10／14）

敗戦直後、農村で素人演芸会というのが流行った。青年団の青年たちが仕事を終えた後で練習し、村祭りなどでその素人芝居を披露した。へたくそなのは仕方がないと思うのだが、章子には耐えられない。腹立ちまぎれに「女は無智で男は無恥だ」と語呂を合わせて言い切るところ、相当の語彙《ごい》力がないと咄嗟にこういう対句は作れない。しかし、このときまだ章子は「女は無智」と思っていた、このことだけは確認しておこう。章子には、ことわざの画期的な研究がある。日本語には、女の知恵は浅い、女の性は汚れているなどの女を貶め蔑むことわざが何百とあって、それによって女は抑圧され女自身もそれを受けいれ認めさせられていたという主旨である。大学三年生の章子はまだその研究を知らない。ことわざに縛られる女と同じく「女は無智だ」と言い放っている。

婦人参政権が与えられたことに対しても、その獲得のために戦前苛烈な戦いをした先達のことは念頭にない。絶対的潔癖主義に浸っていて、無智で未熟な女に参政権は尚早だと思っている。折から起こっていた国語表記をローマ字にするなどの改革運動について章子は猛烈に反駁《はんばく》する。

✢今国語は一大暴風雨にのぞまんとしてゐる。今日ちらりと聞いたラヂオの放送によるとその高《たか》野《の》岩《いわ》三郎《さぶろう》氏（１８７１－１９４９　統計学者）はたしかに国語と漢文を制限して、英語で云々といった。まさか森有礼《もりありのり》（１８４７－１８８９　政治家）式ではあるまいが、そのそこに一大無智がとにかくひそんでゐることは否めぬことだ。

この間の小林先生のお話にある国語の尊重、それは偏狭な国学の独善主義ではなく、或る意味では最も科学的な考へであるのに世の人は国語といふものを少しも理解せぬ。それがいかに生きてゐるものであるかを理解せぬ。軽薄な米国式合理主義者の激増は国語の一すじの道の清さをかき乱し、暗くする。あはれ、わがことばのみちのすくよかにうるはしきを何をこちたきローマ字にかへうるほひなきとつくにのことばの表のみを今更にわがことばとせんや。

そこで我々国語学を志すものゝ使命は大である。この薄っぺらの便利主義的国語改革運動に頑として反対するは固陋なる保守主義ではなくして、最も斬新にして、しかも古典的永遠真理を目ざせる世界を守ることである。私は大いにがんばる。（45／10／21）

漢字廃止論に反対

戦後まもなく当用漢字が制定され、送り仮名の方針も決定されるなど国語の改革は急務であった。志賀直哉《しがなおや》（１８８３－１９７１　小説家）が日本語を止めてフランス語にせよと主張したこともあった。ここで、高野岩三郎が国語と漢文を制限して英語を取り入れるようラジオで話したことを、いままた、明治の初めに国語を英語にせよと主張した森有礼式でもあるまいと憤る。師の小林好日の説く国語の尊重とは、戦前の国粋主義者の国学ではなく、日常の生きたことばを尊重することで、国語学は人間活動の一つとしてのことばの研究を目指す最も斬新な学問だという。アメリカ主導型の国語改革は軽薄で便利主義的だと、徹底的に批判する。従来の国語学が、ややもすると、封建主義的産物で、国学に近いと思われてきたのを、新しく人間中心の学問として構築しようという師の主張に共鳴していた章子であった。しかし、「あはれ、わがことばのみちのすくよかにうるはしきを」「こちたきローマ字」「うるほひなきとつくにのことば」のようなやまとことばを連ねて、日本語を美化し、頭から外国語をけなすことばを読むと、一瞬章子が国粋主義者になったかと疑ってしまう。師の教えの日常の生きたことばを尊重するというなら、そのような日常のことばを使うべきだったと思われるのだが。

一一月にも、漢字廃止論について書いている。

✣読売新聞は近頃がさく〳〵して来たやうに思ふ。今日の社説の漢字廃止論もさうだ。日本文化の歴史的考察と、文化の深い反省なき浅薄なる合理主義、能率主義。民主主義もかうだからいやだ。(45/11/13)

一一月一二日読売新聞社説「漢字を廃止せよ」を読んで直ちに反応している。民主主義否定にまで一気に進むのはどうかと思うが、新聞の漢字廃止論には脅威を感じていたのであろう。

敗戦で連合軍に占領された日本各地には、占領軍（意味がストレートにわかる言葉を避けて「進駐軍」と言っていた）がジープやトラックで大手を振って走り回っていた。

✣仙台市中はまるで泥の海だ。そこをジープが走り、黒人に運転される多くのトラックがいゝスピードで疾駆する。はねが絶えず空中でをどり、無表情な敗戦の市民はのろ〳〵とよけてゐる。（45／10／23）

✣国破れて山河あり、みちのくの晩秋はあくまでうつくしい。（略）そのうつくしい自然の中に米兵につきまとひ見上げつゝ、シガレットとおぼつかなくあさましい声ですがってゐるみじめな子どもたちよ。おゝさびしい風よ。（45／11／9）

✣（槻木から帰りの夜の）九時の汽車。乗った貨車には進駐軍の兵士が四人ばかし。敗戦の国民とはこんなに浅ましい笑ひをするのか。日本人のいはゆる御追従笑ひは卑屈だ。（略）おど〳〵してあはれみを乞ふ笑ひだ。あゝ、（45／12／2）

焼け跡の整理もまだ手がついていないころのこと、雨が降ればぬかるみができ、晴れればほこりが舞い上がる。そこを米兵の運転するトラックが疾駆する。人々は無気力によろよろとよける。子供は情けなくも、チョコレートやたばこをねだる。せっかくのみちのくの晩秋の美しさが台無しではないかと嘆く。さらに、勝者に対する敗者の卑屈な笑いには我慢ができない章子である。

本居宣長を読む

✣午後など大そう寒かった。研究室でこっちりとなって玉勝間をよんだ。面白いのでどん〳〵進

む。宣長もことばの歴史性に気づいてゐながら、正しい言語価値を付与することが出来なかった。（45／11／12）

✝玉かつま読み終へた。面白かった。宣長のものを全部読んでしまひたいなあ（随筆的なものだけでも）と思ふが、色んなするべきことが重ってゐる。（45／11／16）

江戸時代の国学者本居宣長《もとおりのりなが》（1730―1801　国学者）が、古典を研究する過程で得た語源や風習などを書き綴った随筆集の『玉勝間』を面白いと言ってどんどん読んでいる。一四巻もの大著を五日間で読み終えている。もちろん現代語訳などではない古語のままだ。宣長のもの全部読みたいが、宣長にばかり関わっていられないのが残念だ。余計なことかもしれないが、ここで使われているオノマトペ「こっちり」は、小型の辞書には出てこない。広辞苑には「濃厚なさま。こてこて」と記され、浄瑠璃の例が出ている。まさに章子は宣長にこてこてになって読みふけっていた。古語の語彙も豊かだった。

一一月も下旬になると冬休みの帰省のことが気になってくる。

✝柿を買って干した。おみやげがとにかく出来て大そううれしい。（45／11／18）

✝新聞で仙鉄の石炭不足をよみ急に落着かなくなってしまった。いつかへらう？　帰れなくなっては大変だし……。（略）

図書館は二階へ引こし、うれしい。高い天井にしんかんとこもる学びの情熱。おごそかな学問

への尊敬。はげしく、ゆるぎなく、力の限り学ばん。（45／11／22）
✢曇勝ちのお天気であるが先づ良好。午前中鰯《いわし》干しに費す。六十匹あまりある。喜ばれればうれしいが。（45／11／24）

敗戦の年の燃料不足は深刻だった。仙鉄とは仙台鉄道のことで、仙台と古川を結ぶ軽便鉄道であった。そこが石炭不足だという記事を読むと、東北本線の石炭は大丈夫かと心配になる。京都まで帰れなくなったらどうしようと落ち着かなくなる。でも家族思いの章子だから、京都へのお土産は欠かせない。仙台にあって京都に持ち帰れるもの、そう考えて干物を思いつく。干し柿と鰯の干物である。でも、ほんとに家族は喜んでくれるか、これも心配の種であった。

そろそろ卒論のテーマも決めなければならなくなった。一一月には小林教授の家を訪ねて指導を受けている。結局室町時代の助詞をテーマにすることになる。中世語の資料から助詞の例を大量に集めなければならないが、教授は写真版で随分立派なイソポ物語を借し与えた。読むには相当苦労しなくてはならなくなりさうな原資料だが、師の厚意に応えるためにも章子は必死で資料を読んでいく。

✢終日うらゝか。日ざしのあたゝかさ！　小林先生は御加減が悪くていらっしゃるのかしてお出でにならなかったから水野さんと二人でそろ〳〵出かけた。どてらを着て先生はにこ〳〵していらした。（略）最後に話を持出した。でも、親切にあれこれ考へて下すって目に見えぬ力が加はったやうにうれしく思った。

結局のところ、私は室町時代の助詞をやって見ることにとゞのつまりをつける。しかし資料を読むことの困難を思へば相当ぞつとするが、困苦は喜びの前提である。とにかく目標は定った。（45／11／25）

✣学校へ行くと小林先生がお呼びであった。水野さんと二人で伺った。色々選択すべき本をおつしやり、私にはイソポ物語をお借し下された。写真版で随分立派なものである。しかし読むには相当苦労しなくてはならなくなりさうだ。（45／11／27）

テーマは決まった。たしかに室町時代の助詞を研究するのであれば、室町時代の資料を読んで、実際の助詞の用例をたくさんたくさん集めなければ論文は書けない。ここのイソポ物語は、一六世紀末に来日したキリスト教の宣教徒たちが、日本での布教のためにイソップの寓話を日本語に翻訳した書籍で、当時の日本語を知る絶好の資料として研究者には尊重されている。それの写真版を学生に貸し与えるという教授も立派だが、それを受けた学生の緊張と負担も大そうなものだったろう。

中世の話し言葉資料と格闘

その後は寸暇を惜しんで抄物を読むことになる。抄物は、室町時代の僧侶や学者の漢籍解説講話の書きとりで、その時代の話し言葉の実例集として言語研究者にとって貴重な資料である。

年末には帰省してお正月は京都で迎えた。三月まで京都にいた。中世語の資料を読み漁りながら、方法論が見出せなくて焦っている。

✢やよひ月とはなりぬ。（略）少し在京の日がのびたので、史記抄であへいでゐるのが少し持ち直す。何とかよめるとよいが。色々と心ひかれる材料はあるが、方法論的にたしかに迷ふ。しかし私は未だ苦しむところまで行ってゐない。今のところ茫漠たる原野に入って何やらかやら手折り出したがそれが何ものを形成してゆくか、甚だあいまいである。（46／3／1）

仙台に戻る日が少し遅くなったらしい。ここで早くも史記抄が出てくる。まさに章子が生涯取り組んだ抄物の一つである。抄物については第三章で詳しく述べるが、中世語の資料だから読み込むのは容易ではない。やっと「茫漠たる原野に入っ」たばかりで、読むことができて原野の様子がわかったとしてもそれをどういう方法で切り開いていくか、手探りが始まったところである。

✢史記抄にスピードをかける。第二巻読み終わる、うれし、しかし第三巻大分分あついときてゐるのでちょっと難儀だ。明日より三日で読みをへたいが。十一日に発京することに定まる。（46／3／6）

司馬遷の「史記」そのものが大部であるから、その講義本はさらに内容が増えて全部で一九巻もある。その十数巻を仙台に戻る前の三日間で読み終えたいというのである。

「闇の女」は絶対に排撃

三月中旬に仙台に戻って、大学へ行き、以前下宿していた荒川さんを訪ねたりして四月を迎えた。一〇日は女性参政権が認められた最初の総選挙の日だった。

✢今日は投票日だ。私は小母さんと七時半すぎに家を出て中田町に向った。空はくもってゐるが、一先づ穏やかな空合ひである。田の中のみちを三々五々連れ立って行く人々。女の人が多い。投票場にはもう大分の列である。女の方が大分多いのでおかしい。しかし、杖を引いた老爺、老婆を見るのは涙ぐましい嬉しさである。(46／4／10)

投票所には女性が多くいた。老爺・老婆も杖を引いてやって来た。一般庶民が投票権を得たことに感慨を覚えているが、女性の初の参政権行使に対して特段の意義を認めているようにはみえない。

当時は、戦争で夫を亡くした女性や、家族を失った娘たちのなりわいである、「売春婦(現在の買春婦)」の存在がクローズアップされていた時期でもあった。「闇の女」といい、占領軍の米兵目当ての場合は、「パンパン」と呼ばれる女性たちであった。そういう女性のことで章子は級友と論争している。

✢まさに闇市日和だ。そこで、久しぶりに夏蜜柑を買って大そうおいしく頂いた。闇の女について、水野さんと意見対立す。「非常に許すわ」と彼女は言ふ。しかし、私はその背後の全存在を憎悪する。矯風会のヒステリーの様に、女の子をきん〳〵と攻めたてはしないが、社会、男、女を私は絶対に排撃する。私は（略）谷川の水の清烈を愛する。（46／4／20）

「矯風会」とは、「日本キリスト教婦人矯風会」のこと。明治時代から、公娼制度（国家が一定の条件の下で売買春を認める制度）の廃止を唱えて運動を進めてきた。その矯風会が性を売る女性を更正させようとすることを「キンキンと攻め立てる」と言っている。水野さんはそういう女を「非常に許すわ」と寛大だが、自分はこうした「闇の女」のいる社会も、「闇の女」の性を買う男も、そしてその女自身をも「絶対に排撃する」と断言する。そして、「谷川の水の清烈を愛する」という。純粋潔癖主義の章子は、全くその存在を認めようとせず、清冽な谷川の水などと、現実離れしたことで応酬している。性を売らざるを得ない女性の状況を全く考えない単純な「闇の女」排撃は、母親のしづの影響もあったようだ。女学校時代の『過ぎたれど』でも、「凡そ世の中に遊郭等というほど不純なものはない。（略）あのようにいやらしい場所に働く人々が何とも恥を感じないとはさてさて妙なことである。あんな人々は大通を歩けない筈である。それを又、何とも思わない人は何という大馬鹿であろう」（80－81頁）などと、女学校二年生は遊郭で働く女性を真っ向から攻撃している。しかし、後年はさすがにこうした遊郭女性排斥説は誤りだったことを認めて、『過ぎたれど』の「日記に時代をかえりみて」で章子は、後悔し、謝罪している。

私が自分の書いたものをみて深い悔恨におそわれるのは、この社会のなかで必要悪とか称されて、身を売るという境地に追い込められている女性に対する理解がまったくないことである。これは私の家庭教育の一つの欠点であったかもしれない。とりわけ母にとって、そういう女性は許せないものであったらしい。（略）私あるいは親たちにはそういうところにどうして女たちが追い込められていったかの視点が、いささか欠落していたということを、率直に認めざるを得ない。（略）私はいわば不潔な行為にふけって何とも思わぬ男たちへの怒りのあまり、まことに短絡的にその女たちに怒りをぶつけてしまったのである。すまなかったなといま、私はしみじみ思う。（230－231頁）

京都で卒論に打ち込む

さて、卒論の進捗状況に戻る。

✢の・がの用法の調査に関しては分類上の困難が伴ふ。人は分類にあてはまるやうに語りはしない。自由であり、クリエイションであり、包合であり、直覚である。しかし、私はかうした機械的の仕事に愛着を覚える。私にはオリジナリティが欠乏している。そこで私は、丹念に人の足跡をひろい集めて、ほんとにあった姿を見せる掲げ手となりたい。（略）着実な歴史的方法をとらう。（46／4／26）

直感的に事態を判断し、創造的な論を組み立てられる人も多いが、具体的な資料を眺めながら、事実を積み重ねて行って論にするやり方もある。章子は後者をとる。そのためには資料が正確精密でなければばならない。三月に急いで読んだ史記抄も読み直さなければならなくなっている。いきつもどりつしながら、でもやるしかない。下宿の人々はとてもいい人だけれど、「休日には全部農作業もしましたけれど、（略）私を頼りにしてくれたのでお料理もよく手伝いましたよ」（『女子学生の記録』88頁）と後年語るほど、何かと章子の手をあてにしている。一番困るのは騒がしい子供たち。こういう環境では、これから追い込みをかけなければいけない卒論を仕上げられそうもない。

帰ろうと決心して教授に話したらご機嫌斜めだった。教授が残りの授業を履修し終えることが大事というのもよくわかる。でも、すぐ農繁期も迫っている。今のままでは自分の時間が取れないから、精神的にも安定しない。とにかく卒論を何とかしなければならないから帰るのだ。

✣今日先生に帰る事を申し上げたら大部ご機嫌が斜めだ。勿論私は授業の大切なこと及び今の私に相当の必然性を持ってゐることは十分みとめる。しかし、今のまゝで私はどうなるだらう。これから農繁期になる。そして経済的に辛くて、身体は疲労して気はいら〳〵し……。（46／6／7）

この間の補講以来、特に私は自己の欠点を感じている。しかし現実の問題としては帰るより仕方がない。私は毫も物質生活の満足という点からのみ帰るのではない。私はもう甘いホームシックなどは完全に捨て去っている。全く超越がしたいから、卒論を何とかしたいから帰るのだ。

室町期の助詞を分析

教授に背いて帰るというのだから自分の気持ちをもっと強くしなければいけない。言い訳がましいことも言いたくなる。家にもこの決心は伝えなければならない。同じころ母に手紙を書いて新村から資料が借りられそうか聞いてほしいと頼んでいる。

母へ
卒論を書こうかという尖った気持。つくづく農村の封建制と非能率性およびその非学問性が心重くのしかかってまいりました。これでは時間の浪費ですから、私は決心して演習をすましてさっさとかえる事にしました。それで中旬には帰京しますが、急いで次の事項のお返事をねがいます。
大至急。
一、転入は許されるや否や。(多分大丈夫だろうと思いますが)
一、新村先生から『三河物語』を拝借できるか否か。(略)
一、新村先生の持っておられた『寛永三年木活本史記抄』は今どこにあるか、一見させていただく事が出来るか。あるいはまだどこかに疎開中であるか。(略)
授業をふりすてて帰るのは大そう申訳なくて、私も残念ですが、卒論の運命を仙台に於て考える時、いうべからざる焦燥にかられますからかえります。(46/6/某日)

下宿の環境がよくないことをより詳しく述べている。それだけ家人が納得してもらえる材料が必要だった。それと、京都の方が原資料に近づきやすかった。しかし、取り越し苦労だったようだが、娘が家に帰るのにも転入許可が必要なほど、当時の都市は食糧事情が悪かったことも事実だった。

家に帰って新たな資料も渉猟しながら、卒論は書き上げた。主旨は室町時代の助詞「の」と「が」の使いわけを、文法的・敬語のレベル・主格に立つ人物の格などの面からみていったもので、そこに話者の感情による使い分けがあるとするものであった。こうして書き上げた論文は、後には京都大学文学部国文学国語学研究室が発行している雑誌『国語国文』一九五八年七月第二七巻七号に「室町時代の「の・が」――その感情価値表現を中心に」と題して掲載され、さらに一九八三年刊行の『室町時代語の表現』(清文堂)にも所載されている。章子自身は、

私の論文は自分で言っては変だけど、割と客観的価値があって、今も人が引用します。何であれだけ書けたか不思議でしょうがないんですが。(『女子学生の記録』90頁)

と、率直に自賛し、さらに史記抄と論文のかかわりやそのテーマを選んだ理由を次のように語っていた。

私が史記抄をやってみようという気になったのは、東北帝大の小林好日先生のおかげです、小林先生の論文集『国語学の諸問題』(岩波書店1941)には、「の」と「が」について、どういう意味で使い分けるのかわからないと書かれていた論文があり、私はそれを研究しようと思ったのです。全

然手がつけられていない研究分野でしたが、卒論で誰もしないことを研究しようと思っていた私は興味を持ったのです。(「私のこと」『女とことば――女は変わったか／日本語は変わったか』10－11頁)

卒論の研究の資料として史記抄を使ったのだが、その後は史記抄など「抄物」自体が章子の研究対象になっていった。

無事卒論を提出して九月に仙台に戻り、三年間のみちのくの生活を終えた。東北からの最後の手紙である。

両親へ

私の口述試験はあさって十八日、一時―二時です。(略) まあ心静かにことをなすより外ありません。十一、十二、十三の三日間、山形市天童、山寺など堀内さんと一緒に行ってまいりました。(略) 山形では進駐軍の人と話したり、御馳走になったり、それぞれに面白い充実した毎日を送り、みちのくの最後の印象をつくりました。立石寺は予想とは違っていましたがそれはそれとして面白うございました。(略)

卒業式は二十六日九時からです。(略)

この手紙の初めから終りまで、子供達がそばで騒いでしょっちゅう話しかけたりゆすぶったりしますので支離滅裂です。お許しください。

実際阿部家では最近本も読みかねる騒がしさです。では終りにします。(46／9／13)

第3章

女の生き方を見すえて

1. 旺盛な研究会活動

章子は、徹頭徹尾真面目な人であった。真面目に学問にあこがれ、学問を尊敬していた。東北大学を卒業して京都に帰った章子は、当然のように京大の大学院に進んだ。いまや、京大も女子学生を拒む理由はなかった。

大学院時代とそれに続く大学教師時代の旺盛果敢な研究生活には刮目《かつもく》される。あこがれの学問を究めるために、章子は熱心に研究会活動に参加し、活動を推進していく。京大の大学院では、遠藤嘉基《えんどうよしもと》教授（1905－1992）中心の研究会は土曜日に開かれていて、テーマとしては「今昔物語」「保元平治」「日本考」「平仲物語」などが取り上げられていた。池上禎造《いけがみていぞう》教授（1911－2005）の研究会は金曜日の夜開かれ、意味論・語彙論・共通語と標準語などがテーマになっていた。浜田敦《はまだあつし》助教授（1913－1996）を中心とする研究会では、江戸時代の朝鮮の日本語教科書である捷解《しょうかい》新語を取り上げていた。これらは、どちらかと言えば教わる立場の研究会だが、同学の士と自主的にたちあげた「史記の会」「マルゾーの会」「おあん研究会」「山下清研究会」などもあった。文法論から文体論、方言から、一七世紀朝鮮の日本語学習書、そして平安時代の今昔物語から、中国史書、さらにフランス語原書講読へ、そして当時有名だった放浪の画家山下清まで、実に多様な幅広い対象に向かって貪欲な研究活動をくりひろげていた。そうした研究会について大学講師時代の日記には、簡単なコメントをそえて頻繁に記される。

✣池上先生の研究会、段々最初の性格を変へてきて、物をいふにしろ何だか平凡になってきたので面白くない。(53/3/15)

✣浜田さん捷解新語最後の日。これは一年通すことができてうれしく思ふ。OBたちみんな落伍した。(54/1/30)

✣今晩はメンバーの少い研究会。でも池上先生はまじめにはなしてをられた。(54/2/12)

✣大したこともしないのにぐったりしながら研究会。わりに面白かった(つまり私も発表したといふこと)。(54/2/26)

✣五時より平家について。とてもしんきくさい。研究会、文章論のつゞき。(54/3/12)

✣意味論今日は具体論なり。アガルサガルのはなし。(55/5/21)

✣意味論ねむくて〳〵ほんとうに困ってしまった。今昔のとき少し目をさます。(55/6/11)

✣教授会サボり、おあん研究会へ。出席十二名。(55/12/12)

✣和名抄の勉強—講義(或いは単なるおしゃべり)—研究会。どういふわけか池上先生いらっしゃらず。しかし阪倉さんのおかげでかなり活発であった。(56/5/11)

✣平仲、変なうたばかりではたとゆきづまる。(56/5/19)

✣小田先生のとこへ、K氏とマルゾーの文体論をはじめる、いい勉強なり。(57/7/20)

✣九時~十二時　立命にて史記をよむ。のんびりしてたのしい会なり。(57/7/29)

✣小田先生とこで、文学とことばのはなし。大へん面白かった。(58/6/13)

楽しかったり面白い研究会ばかりではなかった。

✢研究会があるつもりで大学へ行ったところ中止になってゐるので大そうゴリップクである。私が無駄足をしようとしまいと一切おかまひなしといふことにとゞのつまりはなる。（52／2／28）

✢大学院生研究会流会の件で私はモーレツに腹を立てた。相手が誰であらうとかまわない。むらくである。私はシュンゲンであらうか、否、正確と時間的ケッペキを愛するにすぎない。なまぬるい時間の流れをハイセキするにすぎない。（53／11／7）

✢研究会、いきなり核心的問題で些かついてゆきにくかったのは残念。（54／1／29）

✢夜。池上先生の研究会、カワバタ氏のパンクチュエイション（遠藤注：punctuation 句読法のこと）の話、純文法的見地からの話で、そのみちの人には勿論面白いだらうし、私も中々啓発された。（54／9／16）

✢夜研究会、京都方言について、概して面白かったが、何しろ十時まででくたびれ果てた。（54／12／9）

✢今昔の研究会、くたびれながらダベる。よくない。浜田氏のオールドミスよばはりは実に困る。私だって、なげきやかなしみはあるのだから。（55／2／12）

研究会に時間を割いて参加するのだから、前準備もある程度しているはずだ。せっかく研究会に出たところ、何の連絡もなしに研究会が中止になっている。自分の無駄足を何とも思わないとは何事かと、「大そうゴリップク」になる。たくさんの研究会だから流会になるのもある。やはり腹が立つ。「ケッペキ」「シュンゲン」「ハイセキ」と強いことばを並べて憤る。

「オールドミス」よばわりは困る

オールドミスと呼ばれることもある。これに対する章子の反応は意外である。浜田の「オールドミス」発言はいまならセクハラで訴えられるところだが、当時は堂々とまかり通っていた差別語である。それに対して章子は、「オールドミスよばはり」されて「実に困る」と言うにとどめ、さらに「私だって、なげきやかなしみはあるのだから」とうつむいて小声でつぶやくだけである。

自分の時間をないがしろにされた研究会の中止では、「ゴリップク」「シュンゲン」「ハイセキ」と強いことばで憤っていたのに、こんなにおとなしいとは章子らしくない。でも、今だからこそ、そう言えるのだが、当時の状況はもっと厳しかった。それほどこの差別語は一般的で、そう簡単に反駁できないほど広く使われ、言われたものを傷つけていた。反駁すると、「だからオールドミスなんだ」と、傷口をさらに深められるのがおちであった。日記で見る限りでも女性の研究者の名前はほとんど出てこない。教授も院生も男ばかりの研究会では反駁も抗議も難しかっただろう。小声でつぶやき、うつむくしかなかったのだ。もう少し後の章子だったら、浜田氏を完膚なきまで叩きのめしたであろうが、少し時代が早すぎた。

こうした、さまざまな研究会活動を通じて、「今に見てゐろ」（56／1／7）と言いながら、章子は研究者としても社会人としても成長していった。

2. 知力も財力も注いだ抄物研究

一九五二年九月、章子は国語学会の機関紙『国語学』の「国語学入門講座」に「抄物とは」と題する四八〇〇字ぐらいの文章を寄稿している。五二年と言えば章子は二八歳、前年に京大大学院在籍のままで、西京大学（後に京都府立大学に改称）の専任講師になっていた。新進気鋭の国語学者が輩出しつつあった当時、この若さで『国語学』に執筆するのは抜擢であったはずである。入門講座であることを意識してか、あるいは若さの故か、ですます調の柔らかい文章である。まず、「抄物」とはどんなものかを述べる。

いつの頃からか、五山の学僧の中、すぐれて知識ある人達はまわりに幾人かの弟子達を集めて、或いは貴紳を相手として、自分の学び取ったものを伝えることを盛に行うようになりました。彼等は宗教的な階級であるほかに、当時では最も綜合的な教養に富んだ人たちであったため、講義したものはただ自分たちの宗旨方面の書だけでなく、広く漢籍に及んでおります。五山の僧達の手にかかったテキストは、宗教書・文学書・儒書を問わず、実に公平な態度でえらばれています。又解釈の態度も仏家の立場を固執せず、大変客観的です。こうした講義による注釈は五山だけでなく、当時の博士家清原氏に於てもなされました。（略）又神道の家柄の吉田家では日本書紀の講義などもしていました。（略）こんなものが実際に色々の形で記録となって現在の私達の手に残されているのですが、それには大抵――抄という名がついています。（略）この「抄」は、本来この文字の意味するぬきがきのつもりでしょう。テキストの中から幾つかの語を抽いて説明を加えてゆくからです。（78―79頁）

京都五山の禅宗の僧や博士・神道家たちが漢籍をよみ説いて講義をした、それが、テキストの中からの語を抽出して解説したものであったから「〜抄」というと名づけられた、という。そして、それにあたるテキスト資料としてどんなものがあるかを、原典のカテゴリーでわけて列挙している。その一部を示す。

仏　書：碧巖録抄・臨済録抄・人天眼目抄・四教儀抄・四部録抄・無門関抄
漢籍経：毛詩抄・春秋左伝抄・中庸抄・大学抄・論語抄
史　：史記抄・蒙求抄・燈前夜話抄・十八史略抄
子　：老子抄・荘子口義
集　：杜詩抄・四河入海・三体詩抄・長恨歌抄・東坡詩抄・江湖風月抄
国　書：中臣祓抄・日本書紀神代抄・伊勢物語抄・職原抄

文章の例も挙げているが、ここではよりわかりやすい「六物図抄」（章子作成のテキスト）の例に置き換えて示す。

畢波羅窟ニテ結集スルニ窟内ハ優婆离ノ上坐ニテ仏弟子比丘衆ノ結集スルヲ上坐部ト云窟外ニテ白衣ヤ仙人ヤナトノ結集スルヲ大衆部ト云ソ（畢波羅窟に結集するとき、窟内の優婆离の上坐に仏弟子比丘衆が結集するところを上坐部と言い、窟の外で白衣や仙人などが結集するところを大衆部というぞ）（永正四年　六物図抄七）

と、仏の弟子たちが修行するとき、だれがどの位置に座るかをわかりやすく講釈している。最後の「云ソ＝いうぞ」が抄物の文章の特徴である。章子の文章を続ける。

男の手に成る漢籍めいたものの講義の記録ですから勿論カナです。（略）豊富な表現力があり、描写的です。その方法として例えば会話文で説明を進めていったり、多種多様の擬声語を巧みに使用して、きく者には未知である世界をまざまざと現前させています。又日本では、こういうことだという置換えも大そう親切です。何よりも当時のはなしことばを基調としている点がありがたく、語彙や文法に躍如たるものがあるわけです。（略）とにかく、物語類には登場しようもない面白い語彙、時にはとんでもない罵りのことばまで交えてそのもつ面白いいいまわしの数々は、現に私どもが使っているおかしなことばの昔を思わせて愉快にもなります。「シャチコハル」が既に出ているかと思えば「サシコハル」という形があったりします。（略）伝統的な文学には余り縁

がなく、しかも狂言やキリシタン本も拾いきれなかった多くの語が如実に当時のある生活を思わせるようです。（以下略）

入門講座なので具体例も少なく、いま一つつかみにくいところがある。ここで述べられている「多種多様の擬声語」について、後の章子の論文集『室町時代語の表現』中の「擬声語の変化」から、五山の僧侶や博士がどんな擬声語を使っていたのかをみておこう。

映レ日ニ低レテ風ニ整復斜。此ノ花ガ日ノテルニハテリテリトシ。風ノ吹クトキハタヨタヨトナルゾ（この花が日が当たるときはてりてりとし、風が吹くときはたよたよとなるのだ）（山谷詩集抄）（189頁）

のような現代語にはみられない「テリテリ」「タヨタヨ」を示し、

日が「照る」ということばなしにはテリテリは理解しがたい。（略）タヨタヨも、いずれタユム式の語と同じく関連して生じているに違いないが、テリテリに比してタヨタヨはもう少し一般的に擬声語らしく思われ、テリテリはこの文の「照る」への依存関係に於て甚だ臨時的に擬声語になっているように思う。（189－190頁）

と述べる。語源にひきつけながら各語の擬声語としての段階を区別して論じている。また「きっと」「ひょっと」など現代語では擬声語とみなされないが抄物の時期には擬声語であった語を、音象徴性を喪失した擬声語として拾い上げている。

持満之術トハ弓ヲ引テキットト保ツ心也。(満を持した術とは、弓を引いてきっと保つ心だ)(江湖風月集抄)

一機ノヒヨツト発する処を云フ。(一機がひょっと発する所を言う)(江湖風月集抄)(192―193頁)

昨今、擬声語はオノマトペとして若者言葉やアニメの新造語としても脚光を浴びているが、古く音象徴語であったものが、現代語ではオノマトペの分類に入らない傾向は、一種の逆行現象ともいえるもので、そうした推移は章子のような歴史的な研究を経ることでしかわからない。

抄物も自家薬籠中に

また、「抄物における擬声語の使用率」では六冊の抄物・キリシタン本二冊・虎明本狂言からの各約五〇〇〇語の標本を抽出し、その中に「かっぱと」「きっかと」「ちっと」などの擬声語がどのくらい含まれているかを調べている。その結果抄物の擬声語の使用率は狂言とほぼ同じ、キリシタン本には擬声語は皆無だという。また六種の抄物の中でも使用率の差は大きく「襟帯集抄」が最も高く「論語抄」が最も低かったという。つまり抄物でも述べ方の差により、擬声語の使用率が異なることを明らかにしている。(207–214頁)

さて、日記の章子はどのように抄物と格闘しているだろうか。すでに章子は東北大生のころから「史記抄」を読んでいる。卒論の室町時代の助詞の例を収集するためである。

✢史記抄であへいでゐるのが少し持ち直す。(46/3/1)

✢史記抄にスピードをかける。第二巻よみ終る、うれし。(46/3/6)

司馬遷の『史記』自体が大部の歴史書であるから、その『史記抄』も浩瀚《こうかん》なテキスト群である。「スピードをかけ」て読めるのは、かなり抄物の読解力がついているからであろう。漢文まじりのカタカナの古典書を学部生が読み解くのはかなりの苦行ではなかったろうか。

✢夜 毛詩抄いさゝか(52/1/12)

✢こたつの中ののんびりした勉強。ヴェルレエヌの秋の歌。毛詩抄。(52/1/14)

大学院で院生仲間や若手の教員、老練の教授たちにもまれて実力をつけ、大学の専任のポストを獲得した章子にとっては、このころは抄物読解は自家薬籠中のものとなっていたのであろう。「毛詩」というのは四書五経の一つ「詩経」の別名で、その「毛詩」の講義版「毛詩抄」がこたつの中でのんびりと読めるというのである。しかも「秋の日のビオロンのためいきの」ベルレーヌと同じムードで読める、たいそう身近な存在になっていた。

✢全体からだのねじがゆるんでファイトわかず、甚だいきどほろし。江湖抄の写本些《いささ》か。こんなにスピードがおそくてはといらくしながらからだをもてあます。（55／8／18）

✢写本もあまり進まず、家事向きに用多し。（略）五山文学よみはじめ。（55／8／23）

刊行された抄物の本を読むだけではない。原本に当たって資料の整理もしなければならない。元の漢籍は同じでも、講者が違う場合もあるし、講者が同じでも聞き取った人が違うのもあり、異本が多い。新しいテキストが入手できたら、その写本もしなければならない。室町時代の原本をそういつも傍に置いてひもとくわけにはいかない。章子は書道もできるので筆を持つのには抵抗はなかっただろうが、一字一句正確に写すのはそう楽な仕事ではなく、手早く片づけこともできない。その作業を、マスカットを食べ、牛肉のカレー煮込みを料理する間にやっているところが、やはり章子流である。

✢江湖抄の対校に身を入れる。何か面白そうな気がしてくる。（56／3／7）

✢江湖抄の校合やりだし些か心落つく。（56／4／1）

✢夜、抄物対校僅かばかし。（56／4／22）

異本が発見された場合、基になる本との文字遣いや語句の違い、区切り方の異同などを見つけて、その違いを明らかにしなければならない。それが「対校」で「校合」ともいう。非常に神経を使う作業である。しかも原本同士を突き合わせるわけにはいかないので、まず写本をして、書き込んでもいい複製を作ってからの作業になる。まだコピー機が普及する前だから手で書き写すしかなかった。富士ゼロックス社のHPによると、いわゆる「リコピー」といわれた複写機は一九五九年に大量に生産されるようになったが、紙の表面だけの複写で、本や両面に書かれた紙の複写はまだできなかったという。やはり若き章子の時代は手で複写する以外に方法はなかったのである。章子が入手した「六物図抄」を京大本と校合した資料が残っているが、原本を書き写したものをガリ版刷りで複製している。その複製を使って書き込んだり、語句の切れ目に赤字を入れたりしている。はっきりわかる違いもあるが、たとえば、寿岳本は「キリテ云ソ」や「ヲソレシムル也」だが、京大本は「キツテ云ソ」や「オソレシムルソ」というように微妙な違いが各所にある。それを見分けるのは非常に細かい地道な作業である。

五四年に助教授に昇進してからは、抄物を購入するようにもなってくる。

✢この間リンロウ閣より求めし神代抄をちょっと調べる。天文五年本は他に見あたらないのでいゝものを買ったとうれしく思ふ。(54／9／16)

✢リンロウカクより六千円の臨済録来る、冷汗もの。(55／2／22)

✢書友会の売立てに行って二万円の三体詩抄買ふやうにしてきた。久々での買い物。お金の算段

大へんなれど。（56／5／25）

よい買い物をしたと喜びもするが、「お金の算段」もたいへんだった。二万円の「三体詩抄」は、かなり高価なものだったはずだ。この前年の暮れのボーナスが二万二千円だったから、一回分のボーナスをほとんどはたいて一冊の抄物を買ったことになる。

抄物収集で散財

迷った末に決心して入札しても落札できないこともある。

✢夜、終に岡田文庫の四河入海入札を決意する。むしゃぶるひもやりさう。（55／4／3）
✢今日ほど万物いま〱しい日はない。（略）弘文荘の老子抄の不入手。（55／4／13）
✢いまいましいこと二つ。①四河入海　亀井氏の手に入りし由。（略）（55／4／23）
✢せっかくソリマチが来て周易抄があったのに。ごた〱のため、電話かけそこね、ちょっとの差でケイオウにとられた。残念なり。（56／12／25）

きっと高い買い物だったのだろう。武者震いするほど緊張した末に思い切って入札した「四河入海」は同学の士の亀井孝《かめいたかし》（1912－1995）にもっていかれてしまった。亀井の名前は章子の大学教師時代の日記にたびたび出てくる。「国語学会で……久々に亀井氏にあった、ゴウマンで全然面白くない人」（54／5／31）と、けなすかと思うと、「亀井氏よりまことに文学的なお便りあり。クスクス」（56／1／12）と、好意的に見てもいる。「亀井さんのガ行音のはなし面白くよむ」（56／8／21）と、論文をほめたりもして互いに知り合った仲だった。そういういわば少し兄貴分のライバルに落札されて、「いまいましい」思いをしたのである。

こうして章子は抄物の収集にも力を入れるようになった。だからいつもお金がなかった。映画やおしゃれにもお金は惜しまないから仕方がないとはいえ、信じられないほどの金欠病にかかった時もあった。

✢夕方研究会へ出かける。どこにもお金がなくて大変。とう〳〵貯金箱をこじあけて出かけた。（56／9／14）

こうして、算段して買いもとめた抄物は全部で六〇冊にも達した。章子は大学を定年で退官するとき、これらのコレクションを集成・編集して『向日庵抄物集全二巻』（清文堂）として刊行した。そしてその原本はすべて京都大学に寄贈した。現在、京大図書館のデジタルアーカイブスで「寿岳章子寄贈」の印の押された抄物を見ることができる。

ところで、肝心の抄物研究はどう展開されていったか。収集し整理した抄物を章子がどう処理していったかを日記で探っていく。

✢漢書抄一応よみ終へたが、さてこれから先どうしたものやら。明日からおたのしみ。(56／8／21)
✢漢書抄の方は語の調査の方に入った。(56／8／27)
✢夜、T・Sエリオット(1888－1965 詩人)のはなしをきゝながらカードとり。(56／8／31)
✢今日は「夜と霧」をよみ、久々で実に深い感動を受けた。極限における人間の認識は非常に崇高であり、悲惨を通して希望を、残忍を通して尚かつ愛の認知がある。なんと、生きれば生きられるのではないか。私は勇気と義務とを感じた。カードとり、漢書抄。(56／9／2)
✢漢書抄、ちょっぴりまとめる仕事に入った。(56／9／9)
✢要旨、どうにか書き上げ、十二時。(56／9／24)

研究対象をみつけ、それをどう料理するかを考えるのは、研究者にとって一番楽しいときである。その後調べ始めたり書き始めたりする段になって、予想外の難題に出くわし、何でこんなことを始めたのかと後悔することになるのはいつものことだから、手をつける前こそ、苦しみのない楽しいときなのである。

文章単位と語彙単位で分析

章子は、抄物の研究を、「抄物の文構造」「抄物の会話文」「史記抄の文章」など、文章単位で分析した論文と、「抄物語彙研究の意義と方法」「抄物の基本語彙」「擬声語の変化」「抄物における擬声語の使用率」など語彙レベルで調査研究した論文にまとめている。写本やガリ版刷りの複製を縦横に使って論文用の資料を作っていくことになるが、語彙レベルの研究では、当時はテキストに使われている語彙をカードにとる作業から始めるのが普通だった。文法面の研究では、助詞助動詞も重要だが、語彙レベルの研究では、自立語の収集分類が中心となる。

まず、テキストの自立語をマークしてそれを一語ずつ一枚のカードに写しとる。正確にマークされていれば、カードにとるのはある意味では単純作業になる。だから章子はラジオを聞きながら作業をしている。極限状態の人間の姿を描く深刻で重いテーマの『夜と霧』の読書は、さすがにながら族ではできないので、読み終えてからカード取りに向かっている。章子の読書についても一言触れておかなければいけないが、その読書の量と範囲の広さはまた、並のレベルではない。自分の興味の範囲だけでなく、書評を定期的に書く仕事も引き受けているので、その読書量は半端ではない。カード取りは、その読書の合間にも行われていたわけである。

この作業が終ると、そのカードを五十音順に入れ替えたり、品詞別に並べ替えたりして、語の出方や傾向を見ていく。こうして対象とする抄物の語彙の実情を掴む。各抄物の中で使用されている語彙相互の問題もあるし、抄物間の異同や特徴も見えてくる。この一九五六年夏の日記では、漢書抄を素材にしてカード取りをして、それをまとめて秋の国語学会で発表をしている。九月二四日はその学会発表のための要旨を書き上げたというのである。どういうわけか、その発表について日記には記されていないが、後に刊行された『室町時代語の表現』に収められた「抄物の会話文」の論文末に、「以上は一九五六年一一月一一日国語学会の講演をそのまままとめたものである。(57／1／31)」と付記されていて、研究発表ではなく基調講演の一つであり、抄物の会話文についてのまとめであったことがわかる。この年の秋の国語学会は一一月一〇日、一一日に東京の國學院大學で開かれていた。

章子の日記に「カード取り」の作業のことがよく出てくるが、もう一種類のカード取りがある。これはラジオを聞きながらできるようなものではない。後に書いている。

あるテーマに関してのブレイン・ストーミングは楽しい作業である。ことに、今まで考えたこともないようなテーマで書くことを求められた時など、さて何が書けるかとかなり不安があっても、それに関してのさまざまの切りこみを次から次に小カードに一枚ずつ書き記し、そのカードを中項目でまとめ、さらに章だてをしてゆく時、魔法の城作りにも似てうれしささえ覚える。新しい世界が見えてくる喜びは、何十歳になろうと心がはずむものだ。(『永遠の』158頁)

本題の抄物研究にもどる。原資料発掘と写本づくり、すでに整理されたものとの校合整理が進み、研究対象となる抄物が多くなってくると、次は書誌づくりである。各抄物の成立の時期、作者・編者の情報、書物のサイズ、材質、内容などわかっているかぎりの情報を記していく。その集成が目録になるので、同じ作業を章子は目録作成とも言っている。

✢抄物書誌やっと少しばかり書きかけた。残念ながら易全部終らず。(57／1／6)

✣夜になって三時間半ばかり仕事して易抄のみ片づけて、あすの夜又がんばって経の部何とか了へたきもの。(57／1／7)

✣抄物十二時前まで。毛詩抄の中途、中々すゝまない、どうなる事やら。しかしせいいぱいに仕事してやすむ事のうれしさ。(57／1／8)

✣夜、抄物の目録と思ったが、手紙書きに終始す。(57／1／20)

✣夜。抄物目録。久々なり、又馬力を出さなくては！(57／2／13)

✣午後論語抄やりかけの時日田夫人来。夜。(略) 又論語抄やりかけたがややこしくなって就床。(57／2／15)

✣夜九時すぎから一時間あまり抄物、中庸終り。牛歩。(57／3／13)

まとまった時間が取れる正月休みに思い立って書誌づくりに着手した。休み中だから時間も取れて、四書五経の五経の「易」の「易抄」は書き終えた。三日目は「毛詩」つまり「詩経」の「毛詩抄」の中途で時間切れ。でもせいいっぱい取り組めて満足だ。冬休みも開けると大学での日常の業務が戻ってくる。さらに手紙の返事もたまってくる。章子はまた、極めて筆まめで、手紙もよく書いている。思い立ったらすぐ書いて出す。するとその反応もある、また、返事しなければいけなくなる。日記の最後に「夜手紙書き」で、終える日が平均して月に二度はあるだろう。言うまでもないが、抄物の校合をし、論文や書誌を書くなどは、昼間の家事、大学での講義や会議、夕食づくり、といったルーティンワークを終えた後の仕事である。三月には「中庸」の抄物の書誌をやっと書き終えた。「牛歩」というのは、当時国会で、議決を急ごうとする与党に抵抗して、野党が採決の投票に行く歩みを牛のようにのろのろとすることで時間をひきのばそうとした戦術、「牛歩戦術」からとっている。抄物の書誌作成がなかなか進まない嘆きの吐露である。

こうして、抄物を発掘から始めて、写本作成、異本との校合と資料整理をし、書誌を書き目録を作って、室町時代の言語資料としての枠組みを作りあげた。そして言語資料としては、抄物自身の持つ日常語的性質を文章面と語彙面から精査に分析し、また他の同時代の言語資料との比較を通じて、抄物の独自性を浮き彫りにした。その中で試みた擬声語の使用率というような精密な数字の羅列は、従来の中世語研究の中では斬新で特異なものであったはずだ。室町時代の高僧や博士というインテリの講義した話しことばの中に、意外な日常性を読み取って章子は楽しみながら研究を続けたのであった。

3. 女による女のことばの研究の始め

『日本語の裏方』(1988)の「はじめに」に章子は書いている。

私はもともと中世日本語の語彙研究を自分の研究の中心にしていた。今もその点は変りはしない。けれどもはじめはほんの少し手を出す感じで、そして段々と深入りする感じで、それ以外の分野のことが気になり出してきた。大学で「言語生活史」というワクを私の責任で持たされているせいでもあるが、逆にそんな時間を国語・国文専攻のカリキュラム中に恒常的に置いたのも私にとってのある「外《そ》れ」が意外に強烈な魅力を持っていたせいでもあろうか。（略）りっぱな伝統ある大学での、これまたりっぱな講義であつかわれること以外に、むしろなまなましい現実と濃厚にからみあって、深く言語的である現象がなんと多くあることか。

章子の著書の奥付などで自分の専門・専攻を記す時、中世日本語と言語生活史の二つを挙げてあることが多いが、その言語生活史への思いがよく理解できる。中世日本語はわかるが、言語生活史という名乗りは珍しい。大学でいろいろ研究を展開していく中で、従来の文法論・語彙論・音韻論・語誌研究などにあてはまらない「なまなましい現実と濃厚にからみあっ」た分野に入り込んでいったその結果の学問名であった。今の日本語学の分野としたら社会言語学がいちばん近いだろう。

言語生活史という名称を得て、その研究対象はますます広がり無限とみえる広がりを見せたのではないか。初めは何学でも何論でもない、ただ好奇心と興味にまかせて進んでいったところで何かが見えてくる、そこで必要に迫られて名づけをする。他と区別するためには名づけが必要だ。一旦名称を得ると、対象はさらに広がっていく。こうした「外《そ》れ」が立派に居所を得てさらに新しい「外《そ》れ」を見出す。章子はこうして、女のなまえ、身辺の七五調、ことわざ、すごろく、短歌と俳句、辞世のことば、歌謡曲、週刊誌のグラビアのことばなどなどを研究していった。まさに生きた言語学であった。毎年テーマを決めて「言語生活史」履修の学生たちと一緒に調査し分析し報告し合った。毎年新しいテーマに取り組んできたから、三〇年間の講義ノートで同じテーマの繰り返しは一度もなかったと後に語っている。

女の名前を研究

その言語生活史の研究の中で最も早く着手し、世に成果を発表したのが女の名前の研究である。後に「女の名前」(『現代のことば』)、『女は生きる　名前が語る女の歴史』や、『日本人の名前』にその研究は結実するのであるが、この日記でも断片的ではあるが、その研究の進捗状況が読み取れる。初めて日記で触れられるのは一九五七年九月である。日記で見る限り、この研究は一九五七年九月ごろから始められている。

✣午後、ちょっと名前の整理をやりだす。(57/9/22)
✣十二時まで名前の仕事する。(57/10/11)
✣夜、名前整理の最後と思ひカナの方を仕上げたのはいいが、漢字の方まちがへてゐたのを発見。ヤレヤレと、情ない、ねむい目でしたから。一時までかゝる。(57/10/13)
✣カバシマ氏に名前のグラフについての依頼をする。(57/10/16)
✣日中〝なまえ〟かきだすが、ごたごた用があって思ったほど進まなかった。(57/10/22)
✣午後から名まへ書き、それと明日の調べ。(57/10/23)

章子は名前の研究を始めた動機を「そもそも名前に対して興味をもちだしたのは、兵庫県のある小学校発行の卒業生名簿を見たことに始まる。七十数年の農村の小学校の歴史は、(略)生き生きした女の名前の歴史をおのずと描き出していた」（『女は生きる』17頁）と述べていて、初めは学生の名簿や卒業生の名簿など手近なところから調査していたが、次第に地域的時間的な範囲を広げて数量的な処理をし、その意味づけをしていった。当時、西京大学に樺島忠夫《かばしまただお》（1927－2018）が赴任してきて章子の同僚となっていた。樺島は計量国語学という分野を開拓して、従来の文献を読み解く方法だけでなく、大量の資料を数量的に処理してことばのありようを明らかにしようとしていた。章子は樺島の力を借りて、文献学的調査と数量的調査の両面から分析を加える道を取った。ここでは女の名前を型に分けて、それぞれの型の消長を年代別にみるなどをグラフで示している。そうして樺島にそれを依頼していたのである。

〝なまえ〟を書きだすと記しているが、この翌年一九五八年一月号の『言語生活』に「女のなまえ――ある村でのはなし」（39－45頁）と題して寄稿しているが、その内容は次のようなものであった。女の名前の資料は、父の卒業した兵庫県の八〇年の歴史を持つ小学校の同窓会名簿で、明治二六年から昭和二二年までに卒業した女子の名前の調査分析である。かなの名前が一〇〇％であった明治中期から昭和期には二〇％台になり、漢字の名前はゼロだったのが昭和初期には七七％になっている。漢字の名前が増えてきた理由を述べながら、主としてかなの名前の内部を「つね」のような「〇〇」型、「こゆき」のような「こ〇〇」型などに型に分けて、それらの時期的推移をみていく。さらに親の女子の命名の意識を伝統保守や流行とのかね合いで考察する。こうした考察の結果、

このひっそりとした村に生をうけつづけてきた女性たちのささやかな名づけの歴史をさぐって

みることは、ひょっとしたら日本女性外史？のはしくれぐらいになりはしないかというのが、私のまことにあつかましい願いであるが、どうもそれは野望のようであったと思いながら文を終る。

と文を結んでいる。女性外史のはしくれといい、野望のようであったと大いに謙遜して述べていて、確かに、この論文ではその女の名前の歴史的視点での考察はされていない。しかし、こうした名前の研究は、日本の女性の歴史とは切り離せないことに章子は気がついた。この後展開される章子の女性史としてのことばの研究の萌芽がここにみられるのである。

五八年一〇月には江戸時代の宗門人別帳（宗門改帳とも）も調べている。明治以前の女の名前を調べる資料として父・文章が思いついてくれた。それまで古い資料としては江戸時代の女の名前を著名人の過去帳で調べたりしてきたが、そこには女の名前は出てこなかった。「男の名ばかりかいてある過去帳。家というものの存在ががんじがらめに人の世を縛っていたと、女の名前など所詮はどうでもよかった。誰かの娘であり、誰かの妻であればよかった」から、「なかなか江戸時代の女の名前の資料が見つからなくてほとんどあきらめかけていたところ、宗門人別帳という、キリシタン改めのための、寺で扱っていた戸籍帳のようなものの中に多量に女の名前が記載されていることを歴史学の人から教えてもらって、私たちは喜び勇んでその資料にとりついた」（『女は生きる』13－14頁）のであった。

その年五月の日記に「女のなまへ　過去帳をみることを思ひつく。パヽのおてがら。」（58／5／30）と書かれている。「パパのおてがら」だから宗門人別帳を思いついたのは父だが、ここではさすがに論文の中でそう書くのはまずいと思ってか「歴史学の人」とぼかしている。

うになる。

女たちの歴史とつながる

宗門人別帳の調査は、古典に通暁している章子だから可能であった。普通の人ではその文字は読み解けない。この調査で京都丹羽亀岡の馬路村の人別帳を取り上げているが、二九四二人の女性の名前を調べている。この調査とそれ以前の女学校の卒業生名簿などの調査の結果を比較して、一九六〇年に刊行された『現代のことば』の中に「女の名前」という論文を発表している。要約すると以下のようになる。

平安時代には女には名前がなかった。「紫式部」は、父為時の官位と源氏物語中の主人公の名をかけあわせたもの。更級日記の作者の名は菅原孝標の娘としかいわない。鎌倉時代以降「北条政子」「日野富子」などの名のある女性が出てくるが、ごく限られた範囲の女性。江戸時代になると庶民の娘も名前がつくようになる。京都のある農村の宗門人別改帳で採集した女の名前でわかるのは、名前の型では、「うの、はる、むめ、うた、まつ」など二音節の〇〇型の名前が九三%、「こまつ」のような「こ」の付く三音節のこ〇〇型の名前が六%、「まつの」のような〇〇〇型一%で、「〇〇子」は皆無、漢字はごくまれにしか使われない、〇〇型の名前では「とら・くま・しか」のような強い動物に関するものが多い。植物名では「まつ・たけ・うめ」などが多かった。

男子の名前は漢字を主とした堂々たるものがあり、変化に富んでいたことと比べると男と女の名前との差は社会的地位差によるといえる。

明治維新以後、日本社会への漢語の流入と流行とともに、明治十年代から女の名前の付け方に変化が起こる。明治期に創設された女学校の卒業者名簿を年代別で調べると、二音節の○○型は次第に減り三音節の名が増えて来る。ひらがな表記のものが減り、漢字表記の名前が増える。四民平等の制度が敷かれて学問や文字使用が特定階級の独占物でなくなった結果である。

三音節語で○○子の名前が増え、○○に漢字を使うのが増えた。この型の名前はその前からもあったが昔の高貴な家柄の女性で権力家の妻となり母となるような娘に限られていた。○○子型の名前は考え方や暮らし方が進歩的なグループから他へひろまった。京都のある女学校卒業生三二五七名の名前に使われた漢字で最も多いのは「美」で、ついで「千 代 久 富 喜 寿 和 文 幸 静 貞 恵 八 敏 鶴 春 綾 秀 清」が上位二位の字であった。これらの漢字は明治から昭和初期にかけての女性が、親をはじめとして、世間からどのように生きることが望まれたかを示している。良妻賢母とか、夫唱婦随とか婦徳涵養とかの息苦しいスローガンが浮かび上がってくる。漢字使用がきがねなくできたために、そのような女性観がはっきりしてきたという皮肉な結果になった。（17－30頁）

なお、高貴な家柄の娘には漢字の名前が付けられたと述べていることの具体的な事実が、一九六八年に刊行された『女は生きる——名前が語る女の歴史』に大約で以下のように述べられている。

千葉下総《しもふさ》の国木内荘の地頭となった木内氏の系譜中の女の名前を調べると、「志摩子・浪子・八重子」のように漢字に「子」がつくタイプと、「琴鶴・千歳・綾瀬」のような「子」のないタイプとあり、武士や支配階級の女には漢字の名前をつけられていた。女の名前は庶民と支配階級とで截然とわかれていた。しかし、武家や高貴な人の娘が漢字の名前を付けられたのは、男たちの権威づけのあかしとなったにすぎない。（22－26頁）

女の名前の型や表記法など歴史的に見ていくことで、名前自身の変化の持つ面白さは十分味わえる。普通の研究はそのことを新しい知見として発表すればそこでストップだろう。章子の研究はそこは中間点に過ぎない。その変化がなぜ起こったのか、女の名前が男のそれと違うのはなぜか、そこを知るまで研究は終わらない。名前が単独で存在するわけではない、社会の中で規定されながらの存在だ、ではその社会はどうか、それによって女たちはどうであったか。名前ということばの研究は、もはやことばの中にとどまっていない。ことばの研究は女たちの歴史に一直線につながる。これが章子の生み出した研究手法であり目的であった。

この研究はその頃立ち上げられた計量国語学会で発表されるのだが、その発表の準備なども見ておこう。

✢それから名前のこと、ちょっと。面白くなってきてうれしい。（58／9／22）
✢名前の種別終る。カバ氏と相談の上東京にゆくことになった。あれよ〳〵。（58／10／1）
✢名前カードつくり、合間合間に旅行計画をつくってあそぶ。（58／10／4）

✢十時—十二時　桂（遠藤注・大学の桂キャンパス）　ゆふべとりのこしたカードを急いで。下鴨一時—四時　二つしけん。五時—六時　NHKの市政記者と対談、それから「死刑台のエレベーター」（58／10／8）

✢十一時までカード　アイウエオ順に。ねむくて少しのこす。（58／10／9）

✢六時すぎに起きて仕残しのカード整理する。十時から夕方まで終日で名前の仕事。（58／10／10）

✢終日桂にて、もっぱら名前の仕事なり。夜、人の何とやらをかりてレジメをつくる。何となく発表をするやうな気分になってきたのが不思議。（58／10／13）

✢日中は同志社にゆき宗門改帳をみる。久々のこういふ仕事。（58／10／14）

✢一日家。ひるまどうしてもタンテイをよんでしまった。夜大童にきのふのカード整理、天保と弘化終了、二時までぐずぐずする。（58／10／15）

✢もう一週間だから、必死でデータ整理、昔の名は大体終った。夕方NHKロクオン。夜又データ整理。（58／10／17）

✢東京へ出発、第一ホテル泊。（58／10／24）

✢女の名まえ発表。どうやらすます。みなさん笑ふ。（58／10／25）

一〇月一日に東京行きを決めて、二五日に発表している。今から考えると申し込みから発表までの間がずいぶん短い。計量国語学会は一九五六年一二月に創立された学会で、このときの発表会は第二回ということになり、まだ発表申し込みが殺到するほど広く知られていなかったのかもしれない。名前を書いたカードを作り、それを並べ替えながらいくつかの項目に分類し整理していく過程がよくわかるが、しかし、この一連の名前の研究の間にも、普通に授業をし、一〇月三日と八日には映画を見に行っているし、六日と七日には伊勢志摩へ観光旅行にも出かけている。九日には府庁の研修所で講演もしている。一つの研究をまとめていく間にも日常の趣味や娯楽も確保しているマルチ人間章子の本領発揮の場面である。一四日に宗門人別帳を見てきて、翌日すぐ整理すればよいものをタンテイ小説を読んでしまって時間がなくなり、「大童に」二時までかかってカードを整理している。そして出発一週間前の一七日はさすがに「必死でデータ整理」している。わかっていながら肝心のことを後回しにして、目先の楽しみに身を任せてしまい、ぎりぎりになっておおあわてで何とか間に合わせるという、全く身に覚えのあるプロセスを章子も繰り返していたと思うと、おかしいやら安心やらである。そして、研究発表も無事終わった。その発表のとき、「みなさん笑ふ。」と記しているのに注目したい。国語学会にしても言語学会にしても、学会発表をきいて参加者が笑うということは、普通はない。若い研究者だと、必死で読み上げたり、できるだけ多くのことを言おうと早口でまくしたてたりする。慣れたベテランどころだと自信たっぷりに小難しい術語を連発するため、聞く方は追いかけるのに必死になる。笑う場面はなかなか出てこない。章子の発表を「みなさん笑ふ」というのは、きっとおもしろい名前の例などをたくさん出して笑わせたのであろう。学会発表も発表者だけがわかるようなものでなく、きく人にわかってもらうものでなければいけないという章子の思いが生んだ笑いではなかったか。

このときの発表に基づいて書いたと思われる論文「女のなまえ」が、『計量国語学』(七号、１９５８

年12月）に掲載されている。この論文は樺島と連名で発表されているが、京都府立第一女学校の明治一〇年から昭和一六年までの卒業生六五一四名の名前の調査が中心になっている。卒業生たちの名前を型に分け、名前に用いられた文字を整理してそれらが明治期から昭和にかけてどう変化しているかをたどっている。また兵庫・東京・滋賀の学校でも同様な調査を行い、四都府県の調査を比較し、さらに命名に関する意識調査なども行った大規模な調査の報告である。

ここで、明治期には漢字の名前、〇子の型が少なかったが、次第に漢字名や〇子型がふえてきたことは、江戸時代の漢字使用のタブーからの解放で、女性の命名の自由度がひろがった結果だと、章子は歴史的な意味づけをしている。さらに近年は〇子型が減り、漢字の選び方も万葉仮名風に読むものが増えていることを指摘している。命名の意識も「美・淑・幸・道」など価値的理想的な意味のある漢字の選択から表意的な漢字の選択に移っているという。こうした研究結果は六〇年後の今読んでも新しい。

女房詞に端を発する従来の女性語研究

ここで、章子以前の女性のことばの研究をざっと復習しておきたい。

日本語研究の中で婦人語・女性語の研究は戦前から始められていた。「婦人語」の研究で著名なのは菊澤季生《きくざわすえお》（1900－1985）で、一九二九年の「婦人の言葉の特徴に就て」が知られている。ここで「婦人語」の代表として「女房詞」を取り上げ、この女房詞を「女らしさをよく発揮して甚だ優美なもの」としている。その「女らしさ」とは、

一、丁寧な言葉遣いをすること、二、奇麗な上品な言葉を用ひること、三、婉曲な言ひ方をすること、四、ぎごちない漢語をさけること

だという。この「女らしい」ことばの定義は、のちのちまで生きていて、いや、四を除けば現在までも女たちのことばを枠づけている。さらに、菊澤の提唱した国語位相論の中では、女房詞は忌詞・僧侶語・学者語・遊女語・武士詞・盗賊語など特殊な場面で使われる位相語の一つとして論じられている。女房詞を代表とする婦人語も、標準的規範的な日本語とは違う特殊な言語という視点であった。

真下三郎《ましもさぶろう》（1907－2007）も戦時中から女房詞の研究を始めていた。真下（1942）は、女房詞の「いもじ＝「いか」の「い」＋「もじ」」「いそもじ＝「いそがしい」の「いそ」＋「もじ」」などを「もじ言葉」とし、この「異名の生ずる心理は、女性の真理によく似かよったものがある」「婉曲に回りくどい表現をとり易い」のは「女性一般に通ずる言語心理的な現象であると見てよい」（179頁）という。

「女性は本能的に、粗末下品な表現を避け、上品な言葉をえらび、ある場合には間接的な言い回しをしようとする」（186頁）ともいい、科学的根拠のない本能論、心理論に基づいて判断し主張している。真下には『婦人語の研究』（1948）、『女性語辞典』（1967）などの著作もあるが、女性の言葉を男性とは違う心理で生まれ、使用されているという考え方は一貫している。

もう一人、女房詞の研究家国田百合子《くにたゆりこ》（1923－）は『女房詞の研究』を1964年刊行している。

室町時代の数百年にわたる宮中の日記など多くの資料を渉猟して、そこに登場する女房詞の実例をつぶさに拾い上げ、綿密に整理分析している。女房詞を本格的に研究した最初の研究者であった。

国田も女房詞が美しい言語であり、その美しい言語を作るために研究するという立場をとっている。同書で国田は以下のように述べている。

> 私の留意したいことは、真に美しい言語の形成である。より美しい明日の言語を作る為には、一応過去の女性の用いた詞をふりかえってみなければなるまい。この為にも、女房詞の歴史をしらべることは意義深いことと思われる。(48頁)

女房詞は美しいものと絶賛し、その美しい語を作った女房を賛美するが、女性である自身のことばと研究対象の女房詞とはまったく交わっていなかった。

優美な女房詞を規範としてつくられた江戸時代の富裕層の女性のことば、その流れを受けついだ明治期の女子教育の中のことばが女のたしなみとして女たちを縛ってきた。従来の女性のことばの研究はその束縛と抑圧に加担するものであり、女性が自らのことばをとり戻すためのものではなかった。

第4章

『日本語と女』の誕生

1．ジェンダーから見た日本語研究の始め

女の名前の研究が女性史の中へ位置づけられていったプロセスをみていくと、章子が言語生活史を考える中で出会った個々のことばの研究が、女性の生きた歴史の中でとらえられるようになっていくのは必然だったと言える。

章子の遺した研究ノートの中に「日本における女性観と言語表現」と題する一枚のレジュメが挟まれていた。一九七一年六月の日付と「於同志社学生会館」という発表会場が記されている＝左図。「女性観」と「女性の現実」を中心にして、それに関するラング（言語のこと、ここでは語彙）を並べ、「言語生活の現状」として、「女性の話す書く生活の変遷」と夫婦の呼び方の例を示す。また、女性を評価する表現をことわざやすごろくに求め、そこから自己規制へと導く。章子の描く女性とことばに関する相関関係の見取り図である。

一枚の紙に、これだけのことをまとめて図示するためには、その前提としてかなり多岐にわたる調査や研究が存在することは容易に想像できる。

さまざまな言語事象に表れている女性観をラングの部分と、評価の部分に大きく分けたことで、言語表現を過不足なくすくい上げることにも成功している。言語の部分は章子の従来の専門分野だが、評価の部分は女性史的な視野がないと描けない。この一枚は、章子の女性とことばに対する研究の総合版の試みといえる。なお、次節でのべる『日本語と女』には、この図の一部修正版が提示されている。

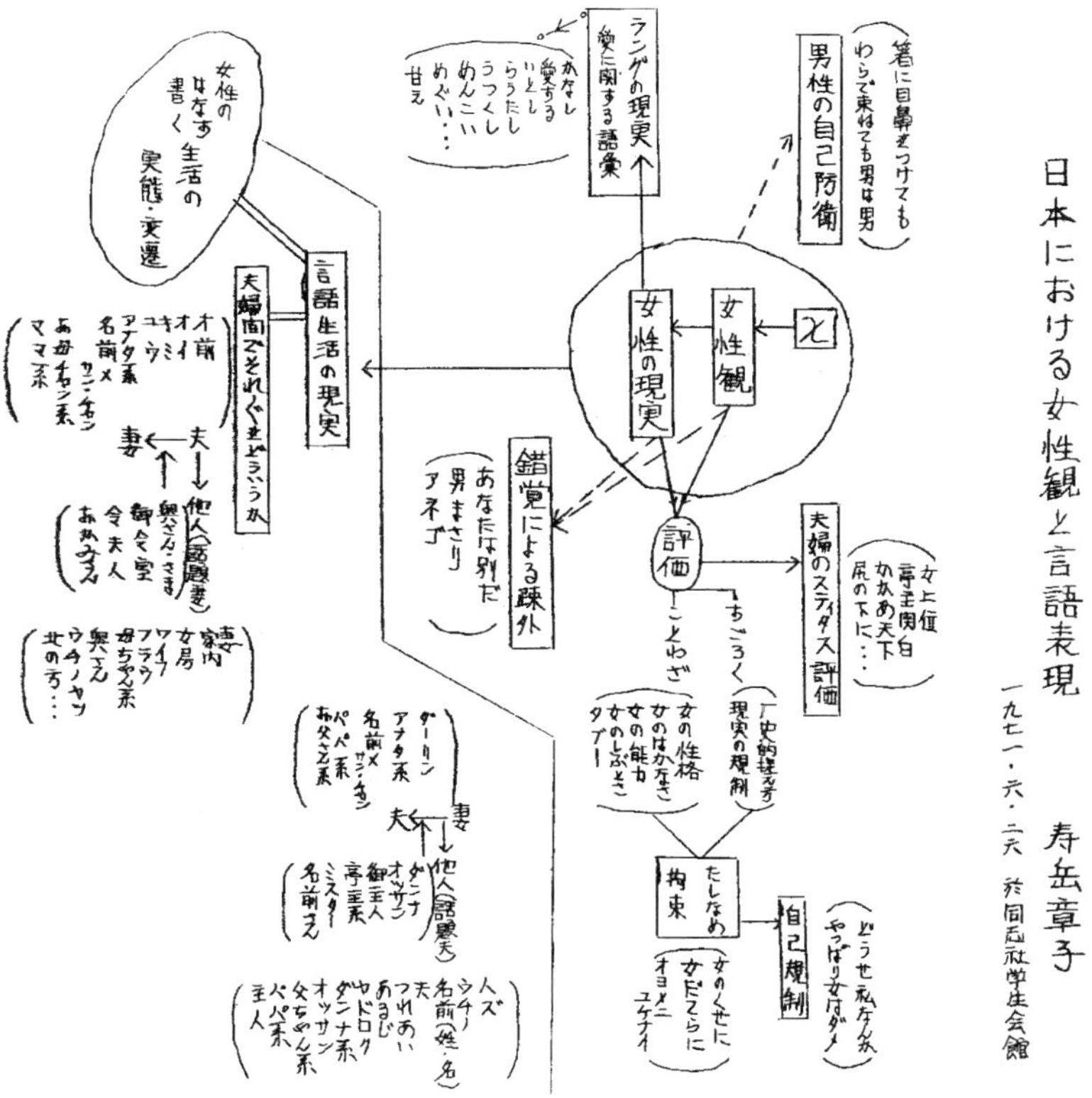

日本における女性観と言語表現
一九七一・六・二六 於同志社学生会館
寿岳章子
箸に目鼻をつけても わらで束ねても男は男
男性の自己防衛
ラングの現実
愛に関する語彙
かなし 愛する いとし らうたし うつくし めんこい めぐい…… 甘え
女性観
女性の現実
評価
夫婦のステイタス評価
女上位 亭主関白 かかあ天下 尻の下に……
錯覚による疎外
あなたは別だ 男まさり アネゴ
ことわざ
女の性格 女の能力 タブー
現実の規制
拘束 たしなめ
自己規制
どうせ私なんか やっぱり女はダメ
女のくせに 女だてらに オヨメニユケナイ
女性の生活の実態・変遷
言語生活の現実
夫婦間でそれぞれをどういうか
夫 妻 他人
オ前 オイ アナタ系 名前メ ママ系
家内 女房 ワイフ 奥さん 母ちゃん系
奥さん・さま 令夫人 御令室
妻 夫 他人
ダーリン アナタ系 名前メ パパ系 お父さん系
ダンナ オッサン 御主人 亭主系 ミスター 名前さん
夫 名前(姓・名) つれあい あるじ ヤドロク ダンナ系 オッサン 父ちゃん系 パパ系 主人

ここで、この一枚に含まれた個々の枠組みから、この時期の、またここに至るまでの章子の研究を整理しておきたい。

1. 右上に男性の自己防衛という枠が設けられている。そしてそのわきに例として「箸に目鼻をつけても・わらで束ねても男は男」の語句が記される。これらは有能な妻に見下されそうになった夫が言うセリフで、室町時代の狂言に出てくる文言である。章子の最も得意とする中世語の研究の産物である。

2. 中央の女性の現実から上に矢印が延びて、ラングの現実・愛に関する語彙という枠が作られ「かなし・愛する・いとし・らうたし・うつくし・めんこい・めぐい・甘え」の語彙が記される。これらは古語から方言にいたる章子の国語学的研究成果をふまえたものである。

3. 夫婦のステイタス評価の語彙として「女上位・亭主関白・かかあ天下・尻の下に……」が挙げられるが、この種の語彙は差別語不快語の考察が前提になっている。

4. 評価の下にことわざが分類されているが、こうした分類は大量の「女に関することわざ」の収集と分析が前提になっている。

5. 評価にすごろくも挙げられているが、明治期以降の多くのすごろくを収集して、そこに現れている語彙表現とゲームとしてのすごろくの性格の調査と分析が根拠になっている。

6. 言語生活の現実では「女性の話す・書く生活の実態変遷」と記されているが、ここでは、女性の日常の話し言葉と書き言葉の実態の調査と変遷の研究が前提になっている（この結果は記されていないが、常に研究対象とされていた部分である)。

7. 夫婦間でそれぞれをどういうかでは、「お前・オイ・キミ・ユウ」などの例が挙げられているが、実態調査が前提になっている。

8. 女性の現実から錯覚による疎外として「あなたは別だ・男まさり・アネゴ」が例示されている。錯覚による疎外とは、「女にはできない」「女には無理だ」のような男たちからの根拠のない決めつけ—錯覚—がまかり通っていて、それを女自身が信じてしまっている。その結果、有能な人を「あなたは別だ」とか「男まさり」などと表現して疎外するということである。

9. ことわざ・すごろくから「たしなめ・拘束」が起こり「女のくせに・女だてらに・オヨメニユケナイ」を導き、自己規制がおこり、「どうせ私なんか・やっぱり女はダメ」の言動を引き起こす図式は、言語を超えた「女性」の問題となっている。農村の女性たちが、ものを言い主張する力を獲得していく運動に関わる中で、こうした自己規制をうち破っていく実践例を見出していく。

以上の「女性観」を観察し評価するために研究したいくつかの対象を選んで、章子が具体的にどう研究し分析していたのかを追いかけてみる。まずすごろくである。

すごろくの描く女性像

章子は、家に残されていた戦前の三枚のすごろくのことばに興味を持ち、古書目録を頼りに古いすごろくの収集を始めた。集めたものを分類すると、以下のようになるという。

1. 教訓・教育的双六　立身出世　歴史・家庭・人生教育など
2. 時局的双六　戦争・新聞・世相一般など
3. 娯楽的双六　映画・文学・歌謡・工芸・スポーツなど
4. 道中・案内記的双六道中記・名所記・世界一周など
5. 風俗的双六

明治・大正・昭和のすごろくの語彙調査の結果、明治期のものには、「金鵄勲章」「占領」「出発」などの語彙から肩ひじ張る国家意識が、大正期は「自動車」「運動会」「家」など市民的近代的意識が窺えると言う。昭和のすごろくをテーマ語という観点で整理すると、徳目主義・立身出世主義的傾向が強いことがわかり、また、地名・動植物名をテーマとするものも多いという。

さらに、すごろくのテーマを、「旅」「立身出世」「すごろくと女」などに分類してみると、立身出世主義をテーマとするすごろくが多く、こうしたすごろくで遊んだ子供たちは、他人を蹴落としてでも出世したい、出世しなければと思いこまされただろう、そういう教育的効果がすごろくにはあった、と章子は言う。さらに「すごろくと女」では、すごろくが男中心に作られていることを多くのすごろくから解き明かしている。全体的に見て、「上がり」に出てくる女は少ない。「上がり」の人物が五人いて、男四人に対して女は一人しかいないというのもある。あるすごろくでは、「上がり」のスペースの中に描かれた人々の中から自分のなりたい職業が選べるようになっていて、上がった男の子が選べる枠は、工業家・画家・学者・商人・官吏・軍人などが準備されている。ところが女の子が上がっても選べるのは農業・音楽家の二種しかない。こうして女の子は、子どもの時から夢も希望も持てなくさせられていたと言う。

また、「令嬢成長双六」というのもあった。宮参り・桃の節句・食べはじめ・はいはじめ、と順調に進み、四季折々にデパートで買い物をし、お稽古ごとをおさめ三一コマめに「上がり」がある。「みごとな令嬢コースであるが、上りは『花嫁姿』である。それだけ。何にもならぬ」と、章子は吐き捨てたように言う。男のすごろくに結婚を「上がり」にするものがあるか、とも。「女はかくあれかしとおのずから教えこむ強力な手段の一つがすごろくであった」と章子は結論づけるのである。(『日本語の裏方』231−285頁)

女にとってのことわざ

ことわざについても、いくつかの論文がある。ここではその中の「ことわざと女性史」(『女と男の時空 日本女性史再考Ⅳ爛熟する女と男』)と「ことわざの今昔」(『日本語の裏方』)からその要旨をつなぎ合わせてみる。

ことわざ辞典で女に関することわざは三〇〇以上はある。目立つのは女に対する評価をテーマとするものである。それをさらに分けると、次のようになる。

1. 女の能力を軽視するもの：たとえば、「女の思案は鼻の先」
——こういうことわざがよってたかって「しょせん女は」というあきらめ思想をふきつけ、女が自らの力を信じて渾身の力を尽くすという生き方を消し続けてきた。

2. 女の性のいやらしさを表すもの：たとえば、「女の根性は蛇の下地」
——執念深い男もわんさといるのに、なぜ女ばかりが蛇と一緒なのか。女が人間としてもっている執念深さが男社会にとって邪魔だということで、所詮オトコが都合よく暮らせるためのことわざということに尽きる。

3. 女は不浄と言うことを表すもの：たとえば、「女が鍬を跨げば柄がくさる」
——女は生理があり、汚れたものだという概念を植えつけている。

4. 女はおしゃべり：たとえば、「女三人よれば富士の山でも言いくずす」
——女が寄り合って話をすることで真実が現れ、それによって男の本質が暴露されるという危険性を、男は感じ取っていたと言える。

一般にことわざのおもしろさは、反対のことわざがちゃんと準備され、いかなる状況にも対応してゆけるという屈伸性にある。一方で「善は急げ」と言うかと思うと、「急がば回れ」というように事態は複眼で見られている。ところが、女に関することわざでは圧倒的に女を低く、つまらぬものに見ていて、女を肯定的に評価するものは見当たらない。

「女が鍬をまたげば柄がくさる」というが、実際には女がまたいだから鍬がくさるようなことは決してない。そうした真実でもなく論理的でもないことが、決まりきった真理のように女の頭上にふりかざされ、それによって女たちは縛られ抑圧されてきた。日常茶飯事、いつもいつも「女は、女は」とことわざでがんじがらめにされ、ことわざにもあるといって、信じこまされてきた。しかも、同質のものを多数そろえているだけにその思い込みも強まる。つまり、ことわざの在りよう自体が脅威なのだ、長い歴史の中で、ことわざはそのような圧力を巧みに女たちに加えていた。

こうしたことわざの機能について女性史とのかかわりでみられることはなかった、日本人の言語生活においてことわざは大きな役割を果たしているが、それがどういう働きをしてきたかの点検が必要である。(「ことわざの今昔」209―230頁、「ことわざと女性史」223―252頁)

女らしさとことば

もう一つ「女らしさ」とことばについても、書く人の文体、週刊誌が描く女性のことば、歌謡曲のことばに見る女性など、いろいろな面から章子は考えている。その一部、文体については、短編小説一〇〇篇で一文の長さを調べた結果として、男の文章と女の文章に差はなかったと言う。品詞の比率とか、文の長さ、文の作り方などを調べた結果でも、男と女の書く文章に統計的には違いはなく、文章の感じや雰囲気が違うのは、書き手個人個人の違いなのだと言う。

そうであるのに、女性用週刊誌などでは、実際の女の書くものと違って、女が書くだろうと思い、話すだろうと思って書かれることばが多いことを指摘する。章子はこういう女ことばはレッテル貼りに利用されていると言い、自分がインタビューされたときの記事などで、言ってもいないのに、文末に

「だわよ」「なのね」がくっつけられるのは困りものだとこぼしている。また、「女性週刊誌の文章はおおむねべたべたして甘ったるい作り方がなされている。媚びた、しなだれかかるような、胸に持たれるような文がずらりと並んでいる」と言う。やたらにわけもなく「！」をくっつけたり、「より深めていくために……」のような「……」が多用されて思わせぶりいっぱいであると抗議する。要するに、女はこういう書き方をする、女はこう書けば喜ぶ、のような章子の言う、「錯覚」によって甘ったるいべたべたした文章の作り方をされ、それが「女らしい」文章だと思われていることを明らかにしている。これらはマイナスの意味で女に働きかけていた女らしさで、できるだけ早く女の世界から消え去ることを強く望む、と章子は言う。さらに、たとえば会合などの場合、大事なことでも男よりさきにものを言ってはいけないというようなコントロールなども一日も早く消えてもらいたい、こんな「女らしさ」はごめんこうむりたいと結論づけるのである（『レトリック―日本人の表現』（121－144頁）。

ことばの「女らしさ」というと、敬語をたくさん使う、「そうかしら」などと、媚を売るような言い方などを思いがちだが、会議などで男より先にものを言わないことまで想定する人は少ないのではないだろうか。章子が、いつか話したことがある。研究会で最初に質問するようにしていたら、教授に言われた。「寿岳さんは最初に手を挙げるけど、女の人は、ふつうは男が何人か質問してから、頃を見計らって手をあげるもんです」と。まさにこれを打ち破る実践をしていたのだ。今、私の知る学会ではそういう男女差はほぼなくなっている。このことを章子にぜひとも報告したいと思う。

2.『日本語と女』は何を訴えたか

女の使うことば、女が表現されることば、女が使うと思われることばについて、それらを女の生き方と結びつけてその問題点をえぐりだし、その解決を呼びかけていった。そこには一九五〇年代に全国で起こっていた生活改善運動との結びつきもあった。京都の農村の生活改善普及員田中友子との出会いが章子を京都の農村丹波に向かわせた。田中と一緒に農村の女性たちの話を聞くうちに、章子が女のことばとしてあれこれ収集し研究し調査してきたことの一つの検証の場であることに気づいた。農村に通いながらそこの女性たちの生き方に学び、フィールドを広げていった。そうしてそれまで調査してきた女に関する言語事象の分析と、農村女性の実践を報告する形でまとめ上げられたのが『日本語と女』（岩波書店1979）であった。

この本の中では寿岳は、「日本語のありようと女の在りようとの相関」（3頁）を追及すると述べ、「日本語と女性史の関係の片鱗をいささかなりとも言及できれば幸い」（4頁）としている。それまでの「婦人語」「女性語」の研究は、先にも述べたとおり、主に男性国語学者によってなされた、女性のことばは、いかに男のそれと違うかという位相面からのアプローチであった。人としての「女の在りようとの相関」「日本語と女性史の関係」という視点で女性のことばを研究対象とするのは、章子が初めてであった。

この本は大きく一部と二部に分かれている。一部は「女らしさとことば」で「ことば」の部分、二部は「日本語と女の暮らしとのかかわり」で、「女の生活」の部分である。一部の第二章「日本語における女らしさの構造」では、ある調査で、生まれ変わったら男になりたいか、女になりたいかを問うた時のエピソードが語られる。男になりたいと答えた女性は堂々と大きな声でそう答え、女になりたいと答えた高齢の男性は消え入るような小さな声で答えた。話し方は話す内容に規定されるので、「蚊の鳴くような声で」話すのは女だとか、女らしい話し方などというのは作られたものだというのである。第三章「日本語と女らしさ」では、源氏物語、枕草子など古典から始まって、現代語までの女性のことばが「女らしさ」の強制であり束縛であることを具体的に論じている。現代語の終助詞については、昨今の日本語の性差研究の中で女性の「わ」「わよ」はもはや死語に近いとされているが、章子は一九七〇年代にすでにその兆候を見取っている。「『ワヨ』さようなら」と見出しを立てて、「女の子たちの会話に耳を傾けていると『するのよ』とか『行くわよ』とか誰も言っていない。全く男の子と同じで『何言ってんだ』などと言っている」と述べている。

二部の第一章「うたの中の女」では、歌謡曲で歌われる女を「待つ、甘える、愛される」という「主体性喪失」、「長い髪、若い、かわいい」姿態、「弱い女、どうせ、バカな女」という「レッテルはり」などの観点から論じている。ちょうどその時期流行していた「関白宣言」については、「内容はなかなか屈折していて、そう簡単に目くじら立てるのもまた滑稽」と言いながら、「お前は俺より早く寝てはいけない、遅く起きてはいないなどと訴えるうたが、一九七九年日本でもてはやされるということは、誠にもって日本的風景ではあるまいか」と辟易しながらのコメントをつけている。

第二章「はみで女」では、志に従って行動をし始めた女たちは「出しゃばり」「女のくせに」「女だてらに」「嫁のもらい手がない」などのことばでたしなめられ、非難されてきた。ある農村の女性の集まりで、その会に初めて参加した女性が「女というものは働きがないのだから何も出しゃばることはなかろう」と言った。爆弾発言だった。そこでとことんの討論が始まった。どういうときに「でしゃばる」といわれるか、「でしゃばり」と言われる人はどういう人か、偉くない人が物を言うとき、その口封じに「でしゃばり」と言われる。そうであるなら、自分たちは「でしゃばり」になろうではないか。「さあでしゃばりましょう」ということになったと報告している。男たちの非難を逆手に取るたくましい女たちの「でしゃばり」宣言であった。

第三章「ある農村婦人グループのたたかい」は、第二章の「でしゃばり」論と同じく章子の農村女性との交流の記録であり、自身のことばを獲得した農村女性たちの解放へのプロセスの実践報告である。この本の圧巻部分である。

農村で田中友子と出会う

章子が京都丹波に通うことになったいきさつは、後に刊行された『ひたすら憲法』(116頁)に書かれている。ある時、丹波の一つの町のPTAに呼ばれて講演にでかけた。親の生き方と子の生き方とのかかわりと言ったテーマで話した。帰宅後、その会に来ていた数人の女性から、自分たちの集まりに来ないかと誘いがあった。好奇心にかられて行ってみた。そこで先に述べた生活改良普及員の田中友子と出会ったのであった。田中の「指導」とわからせない巧みなリードによって、女性たちが自ら問題を見出し自ら解決を目指していく生き生きとした活動に触発されて、章子も山陰線の無人駅船岡に通うようになった。その一人松本幸子の物語を要約して紹介する。

私は亀岡で生まれました。女学校卒業後まもなく園部町熊原の、舅と夫と夫の弟がいる松本家に嫁ぎました。舅は、嫁入り道具として持参した鏡もタンスも壊してしまうほどのかんしゃくもちで、しまいごとをしている背中からバケツいっぱいの水を浴びせられたこともありました。夫はしんぼうせいというばかりで、我慢できずに実家に帰ったこともありましたが、子どものことが気がかりで、こどものために一切をしんぼうしようと、戻ってきました。そんな苦しい時期のある日、町へ来た生活改善普及員の料理教室に出てみました。自分の労苦を訴え、誰かがどうにかしてくれたらいいと思うと訴えました。その普及員に「いちばんカナン（かなわぬ）のは誰や」と言われてハッと気づきました。いちばんカナンのは自分である。他人ではない。それではカナン者が何とかするより仕方ないではないか。以後、私は舅にたちむかいました。父のまちがってい る時には、お父さんまちがってますと言うことをはじめたのです。舅は烈火のごとく怒って、時には村中を棒を持って追いまくられ、もう死ぬかとまで思ったこともありました。

折しも、部落にはそうなみに水ききんが起こり、女たちは遠くまで水くみに行かねばならなくなりました。女たちの苦労は頂点に達しました。簡易水道を引きたい。でも、金のかかることだと男たちは反対しました。しかし、私たちは、辛い水くみはカナン、カナンことはカナンと言おう、そうせなあかんと気がついたのです。行政に訴えることもしました。署名も集めました。さまざまの筆舌につくしがたい労苦の末、京都府へ出かけました。副知事さんは、「もっと早く来ればよいのに」と言われ、補助金の約束をして下さり、それからは仕事が進み出しました。あこがれの清い水が、めいめいの家の蛇口からほとばしり出たのです。

ごく最近には、去年の町会議員選挙ではとうとう仲間から一人の町会議員を送り出しました。選挙などについてはまるでしろうとの集まりでしたが、必死に純粋に動いて、とうとう最下位でも町議会に女性を送り出せた時のよろこび。どんなにたたかれてもたたかれても、何とかやってゆかねばならないと私らは思っています。

幸子たちの運動は、女たちの意識に植えつけられていた女は無力、女はおろかなどということわざの力を無効にする闘いでもあった。

一番言いにくいことを一番言いにくい人に

この女性のことば獲得物語には続編がある。一九八八年に刊行された『日本語の裏方』にそれが記される。章子はこの幸子たちの活動を、他のグループに紹介した。別のグループの女性が見学に出かけた。見学して戻った女性が言った。「先生、まあ聞いてください。（略）女やと思うてちいそうなっとってはいかん、ものを言うちゅうのはすばらしいことやと思うて帰ってきました。家で主人に、わたしもこれからものを言わしてもらいますと言いました。そしたら先生、主人はこう言いますねン、ヒンケイトキヲツグレバクニホロブジャ、オナゴハダマットレ。先生、どないしたらよろしいですやろ」（229頁）

ことわざが男の強烈な武器になっている例だと章子は言う。そのことわざのもと、「オナゴハダマットレ」で口を封じられてきた。女たちは、幸子のように殺されるほどの思いをして、まさに血のにじむ経験をしながらものを言うようになった。女たちの必死の歩みの中で語られてきた強烈な丹波版ことわざ群がある。舅や姑から言われてきた屈辱のことわざの数々である。

・西向けと言われれば三日でも西を向いていよ。
・たとえ頭からおしっこをかけられてもあたたこうございますと言え。
・烏が白いと言われれば、はい白うございますと言え。
・女の出る幕ではない。

もう一方には、女たちがものを言う実践の過程で生まれたスローガンがある。

・かなんことはかなんといおう＝かなわん（耐えられない辛い）ことはやっぱり辛いと言おう。
・自分が変わらんことには人は変えられん。
・一番言いにくいことを一番言いにくい人に言おう。

この『日本語と女』で、章子は「ダマットレ」と言われ続けてきた女性たちが、ことばを取り戻し、自己を解放する過程を追って、女のことばは女性史そのものであることを明確に論じたのであった。

章子自身も、女性とことばのありようについて多くを学んだ。「農村や漁村でがんばっている友人たちとの交流の時間が非常に多い私は、まずアカデミズムのなかにひたっているだけでは決して学べない貴重なことごとを幸せにも学び得た」（『日本語の裏方』「はじめに」）と述べているように、農村は章子の第二の大学であった。

日本語のジェンダー研究の必読書に

こうした、日常生活のさまざまな角度から、日本語と女に切り込んだ『日本語と女』の出版については、章子自身その反響の大きさに驚きながら以下のように述べている。

こんなに反響があるとは思いませんでした。大変たくさんの方が読み続けて下さるおかげで毎年版が改まります。エポックメーキングなんて偉そうなことは申しませんけれども、やはり口火を切らせていただいたということは自認いたします。

（「『日本語と女』から十五年」『ことば』15号 5頁）

まさに、ロングベストセラーとなり、発刊から二七年後の二〇〇六年にはアンコール復刊もされている。このアンコールの前年の七月、章子は両親のもとに旅立っていた。あと一年長生きしていれば、この復刊をともに祝えたのにと惜しまれたことであった。

雑誌『婦人公論』一九八〇年三月号には、この本の書評も載っている。評論家であり随筆家であった十返千鶴子（1921―2006）が書いている。

国語学者として活発な研究活動をつづけている著者が、「女」である自身の立場から、古くから日本の生活の中に根づいていることばと女の生き方とのかかわりに目をむけ、今まで手つかずに残されたままになっていた、日本語と女性史との関連を掘り下げてみせた興味深い読みものである。ことばがその思想、美意識、あるいは仕組みの特長などのさまざまな文化を反映する一方、そのことばが人間を拘束し、一定の型にはめこんでゆく場合を考えれば、日本のことばと女の歴史とのかかわりの深さはとうぜんといえるからである。（373頁）

この本は、国内の日本語研究で大きな位置を占めているだけではない。海外ではジェンダーの研究が盛んで、また、日本語教育が世界に広まる経過の中で、海外の研究者の日本語研究も多様になっているが、そうした海外の研究者が日本語のジェンダーを解き明かそうとするとき、この書は避けて通れない必読書になっている。柴本・スミス・ジャネット（元カリフォルニア大学デーヴィス校教授）は、欧米のジェンダー研究の嚆矢《こうし》となったRobinLacoffの「Languge and Women's Place（『言語と女の地位』）と『日本語と女』とを比較しながら、前者が女性を表現することばと女性語のスピーチスタイルを対象としているのに対して、後者は「女性の言語生活史、女性の現状を言語を通して全体的に把握しようとした」と、章子のアプローチがより基本的総括的であることを指摘している。（「寿岳氏の先駆性」『ことばとジェンダーの未来図』104頁）

第5章

日常生活の中で

女たちの群像
女性科学者に明るい未来を
鬼灯火の実は赤いよ
竹内智恵
遊女が語る廓むかし
昭和遊女考
竹内智恵子
いのうえせつこ
日本の女性活動家
政治参加へ
ポルノ・ウォッチング
フェミニズムと言語理論
D・カメロン
結婚・受胎・労働
イギリス女性史
日本女性研究基礎文献目録
婦人問題篇

1. 家事はなんでも楽しんで

中世語の研究にも女性とことばの研究にも、章子は、古い文献の読み解き、新しい資料の掘り起こし、新たな知見の獲得に、猛烈なエネルギーと精神力を費やしていたはずだが、家事などの日常生活にも十分に力を割き、その意義を見出していた。

後年、章子は『京都、大好き。』(1999)というエッセイ集に「家事と母」と題して書いている。

母はいわゆる家事をよくやる人だった。手先が器用できっちりした性格だったから、家庭内のさまざまな仕事は、ほんとうにきりりとした仕上げで鮮やかにやっていた。(略)

私はと言えば、姿形が母と全く違うように、そういう生きるためのわざの具体的なあらわれは母と別の形をとった。

誰に似たのか大体とても不器用で、細かな作業は苦手中の苦手、裁縫なんかは大嫌いだった。

(略)

力仕事は得意中の得意、まき割りや洗濯(昔の事ゆえもちろん洗濯板でゴシゴシ)は大好き、それゆえに洗濯機購入の欲望はなかなか生じないで、随分おそくまでゴシゴシスタイルをとった。家庭内での私のニックネームの一つは洗い熊であった。

だから私は十代の半ばころからかなり多くの家事を自分の責任でやっていたし、母が年齢を重ねるにつれ力仕事を医者からさしとめられるその分はすべて私がやった。

東北大を卒業して家に帰ってからは、トイレ掃除や洗濯なんぞ母には全くさせなかった。

さらに我が家では強力な家事助っ人がいた。いや、助っ人どころか、完璧な主体性を持って、主として掃除方面を受け持ったのは父であった。

もともと寺出身の生まれは、ごく幼少の折からさまざまの生活テクノロジーを父の身につけさせたのである。それにもともといわゆるまめタイプで、さながら我家の掃除大臣の如き存在、はたきかけ、はきふき掃除万般にめくばりが行き届いていた。

さらにそのための道具の調達にも心をくだき、外掃除用の大塵取りは市販のものでは満足せず、特注して自分が家に持ち帰る、あるいは特別の仲良し箒屋に大男用のものを、母のためには軽いほっそりしたものをと、これまた誂《あつら》えた特別のをみずから持ち帰るのであった。はたきも手作りである。

私は台所関係のことも大好きで、料理は早くからこしらえていた。細い細い錦糸卵作りは苦手でも、ダイナミックナ煮物などは（つまり角切りとか乱切りとか）上手に作った（今もそう）。

おそらく父と母は志にみちた高邁な精神、それにみちびかれてのさまざまの仕事をするという暮らしとともに、具体的な生活技術を決してあなどらず、からだも頭も十分に使ったのである。

私の七十年の生涯もこの親たちの心をまずはひきついだと言えよう。（１４５－１４７頁）

七〇歳の時に書いたこのエッセイを読んでおくと、若き日の章子が多忙を極めながら、ときにあえぎながら、それでも決して家事の手を抜いていないその生真面目さの秘密の謎が解ける。大学教師時代の日記の章子は、いつもいつも忙しがって、あわただしくあたふたと動き回っていた。「午前中から西京へゆく。何かと忙しい」（56／10／22）、「午前ちゅう忙しい。向日町へ行ったりセンダクしたり」（57／10／15）「実にあはたゞしくつかれた日」（58／2／21）といった按配だ。この忙しい中で、章子はいつも洗たくや掃除をしている。映画もよく見ている。もちろん大学の授業の準備も学会発表の準備もしている。普通の大学教員だったら、研究や教育で忙しかったら、家事の手を抜くとか、見たい映画を減らすとかするのであろうが、章子はそれはしない。普通に家事をこなし、両親の食事を整えて、映画を見に走り、おしゃれな服を仕立てて、大学へ出かけている。

章子は洗濯が大好きだ。洗い熊のニックネームもついている。

✢本日、午前中掃除、せんたくを終へて桑原氏との対談。徹底的なスタンダリアン。（54／11／10）

✢午前中洗たくなど。午後向日町へゆき、あと読書、言語生活。夜、国語学研究会。言語生活の座談会。まあのろ〳〵と。（54／11／11）

✢朝のうちは比較的すが〳〵しかったので喜んで洗濯する。しかし、午後のぐちゃ〳〵した天気のため、もう一つよく乾かず。（55／8／29）

✢洗たく四棹も。風きつく、寒くなった。ひるまで働き通し。（57／2／10）

たいてい大学に出かける前には洗たくをしている。桑原氏とは「スタンダリアン＝スタンダール愛好家」として有名で、仏文学者・評論家として一世を風靡した桑原武夫《くわばらたけお》（1904―1988）のことで、章子はこのころその桑原と三回連続の対談をしている。そうした大物との対談の前でも普通に掃除と洗たくをすませている。天気がいいと喜んでする。物干しざおで四本分も洗濯する。まだ洗濯機がない時代である。大きなたらいに水をはり、洗濯板の上に衣類を広げて石鹸をつけてゴシゴシもみながら洗う。もちろんお湯で洗うなどというぜいたくなことはしないから、冬など手は冷たい。父親の下着などはしぼるのにも大変だったろう。

掃除もよくしている。たいてい洗濯と一緒になっている。トイレの掃除も章子の専従作業の一つである。靴みがきもする。

✢掃除、洗濯、靴みがき等朝の仕事たくさん。（57／2／5）
✢午前中、掃除　洗濯、トイレ掃除。（57／11／27）
✢W・Cのお掃除と洗たくを手早くすまして桂へ。（57／10／4）
✢すごい奮闘の一日。掃除、洗濯、W・C、アイロン、明日の予習、書評、一切完了。いい気持なり。（58／5／27）

朝から奮闘して家事全般をこなし、翌日の講義や演習の準備も終え、そして依頼された書評も書き終える、これだけなしとげたら「いい気持」にもなるだろう。達成感と充実感にひたる章子である。

「アイロンかけ　汗みづく。入浴」（55／7／12）、「夜 アイロンかけと和泉」（57／11／24）、「夜 どっさりアイロンかけ」(57／12／15)と、アイロンかけもよくしている。これは夜の仕事が多い。冬はどっさりのアイロンかけもいいが、夏のアイロンかけは大へんだった。

「和泉」というのは「和泉式部日記」のことで、翌日の演習のための下調べをしているのである。その他の家事としてはつくろい物がある。「夜は靴下つぎ、手紙かき」(54／5／4)、「夜雑巾を七枚ぬった」(54／12／19)、「さすがに夜はつかれてたびのつくろひをし、『子供と本』をよみ終えておしまひ」(56／1／16)、「夜はつくろいものに終ってしまふ」(56／12／14)。

「つくろい物」など、大量生産大量消費の昨今では死語であろう。穴のあいた靴下に継ぎ布を当てて再生させ、足袋の穴を繕ってもいる。夜はいろいろ書き物読み物したかったのに、つくろい物だけで終わって「つくろいものにおわってしまふ」と少し嘆きの声も出る。

書評執筆や風呂たきも

一月一六日の日記は次のような文の続きである。

✢今日よりストーヴつきの教室と思ひきや燃やしそこねてさんぐ。

十時半すぎ帰宅。昼まで洗濯、午後松竹座へ「子どもの眼」をみにゆく。(略)も一つの白い橋とやらいふ「御都合主義」の権化みたいなヤツでおそくなり、買い物をして六時すぎあたふたと帰り、ハンバーグをつくった。中まで火が通っていなくてさんぐのていたらくなり。

朝大学へ行き、一〇時半に家に戻って昼まで洗濯、そして午後二本立ての映画を見て帰って夕食を作った、その後であるから「さすがに夜はつかれて」となるが、疲れていても足袋のつくろい物をするところが章子である。『『子供と本』をよみ終えておしまひ」の『子供と本』は定期的に頼まれて書評を書いているのだが、その書評を書くための読書でこれも仕事の一つ。さらに「おしまひ」としめくくっている裏には、疲れていなければ、論文書きか明日の準備もしたいのに、という物足りなさがにじんでいる。風呂をわかすのも章子の仕事だった。

✢m講演、中々かへってこない。ひとりでおふろたく。(55/3/5)
✢W・Cの掃除や二階のガラス拭きの如き労働に専念する。(略)フロ、今日は一時間十五分でわく。(55/12/22)
✢ブル……京都は氷点下五度とやら。二十六年ぶりとか。おふろの水道こほって朝心配した。(56/12/9)
✢マヨネーズを作り、床をはき、へやの整理をし(略)フロ。たくさんのごみもやす。(56/12/19)
✢夜フロしながら明日の準備。(57/5/1)
✢お正月のこんだて考へたりフロたいたりで、とにかく雑然とした一日を送った。(58/12/26)

現在のようにボタンを押すとお湯が出てきて、一〇分も経つと「お風呂が沸きました」と人工の音声が聞こえてくる、そんな便利な時代ではなかった。なんと、「フロ、今日は一時間十五分でわく」という時代であった。「今日は」というから、いつもはもっとかかったのであろう。寒い時は水道が凍るのも心配しなければならなかった。『過ぎたれど』にも風呂たきのことが出てくるが、「竹わりをしました。すみ屋さんがちっとも石炭を持って来ないので仕方なく石炭とまぜてたく。竹ばかりでたいた。」（40／4／15）という。一八年も前とくらべるのはまずいかもしれないが、ごみをたいたりもしているからあまり変わっていないかもしれない。一時間余も燃料を追加したり、燃えぐあいをみにいったり、その間に下調べもして、やっとわく風呂だった。それでも、風呂たき仕事を億劫がったり負担に思ったりする記述は出てこない。

家事は章子にとって辛い面倒なものではなく、体に染みついていて、するのが当然のことなのであった。章子は『過ぎたれど』の中で述懐している。

> 寿岳家の家風というのは、勤勉さにあったといえよう。働かざるもの食うべからずというスローガンをあたかも地でゆくように、肉体労働も頭脳労働もふくめて、とにかくしゃにむに働く一家であった。（220－221頁）

しかたなしに家事をする人は多い。特に女性は家事の分担が多くなりがちで、家事を楽しむ余裕などそんなにあるものではない。その点章子は幸せだ。いろいろな家事を、軽々と楽しみながらこなしている。その秘密は、「からだも頭も十分に使って」「しゃにむに働」いた両親からうけついだ筋金入りの勤勉さとその家風にあった。

2. おしゃれな服はオーダーメード

章子は、「今日はミシンかけ、カーテン、枕カバー」(55/4/12)、「久々にてミシンかけ」(56/1/25)のように、ミシンでいろいろなものを縫ってはいるが、自分の衣類の多くは小林ヒナ子さんというプロの仕立て屋に頼んでいた。日記にはたびたび「ヒナちゃん/ヒナ子氏/ヒナ氏とこゆく」の短文が出てくる。ネマキ(57/3/18)からオーバ(55/12/7)まで何でも頼んでいる。

ここで、若き日の章子の衣生活を見る前に、当時の日本人の衣服の求め方をざっと見ておきたい。アパレル産業が隆盛を極め、デザインもサイズも材質ももののすごく多種多様な衣服が氾濫している現在と、章子の時代の人々の衣服の選び方求め方は大きく違っていた。一九五〇年代以降現在までに、イージーオーダー、オーダーメード、プレタポルテなどの新語が使われ、流行した。今では、ブラウスはもちろんのこと、スーツでもオーバーでもたいていのものは、出来あがったものをネット販売や衣料品店・デパートなどで買う。少し袖が長いとか肩幅が広いとかいうときは、買う所で補正してもらうことができる。現在、生地から仕立てるのはよほどの富裕層がスーツやワンピースを仕立てさせるときか、中流層ではパーティやセレモニーに出るための一張羅を仕立てるときぐらいであろう。

五〇年代当時は、既成の衣服は制服とかデザインが決まったシャツやブラウスぐらいで、スーツやオーバーなどを作るというときは今でいうオーダーメードが中心だった。まず洋服の生地屋で気に入った布を買い、それを持って仕立て屋に行く。そこで自分であらかじめ考えておいたり、あるいは仕立て屋と相談したりしてデザインを決める、仕立てる側は、注文主の体のサイズをはかり、型紙を作る。そして型紙に合わせて布を裁断し、仮縫いをする。仮縫いというのは、裁断した布を、大きい縫い目でざっくりと衣服の形に縫いあげ、それを注文主の体に合わせながら、補正し微調整をしていく工程で、衣服の仕上がりを決定するとても重要なプロセスである。仮に縫った衣服が、注文主の体形に完全に合い、その描くイメージに沿っていることを確認してのち、仕立てる側は、ミシンをかけて縫い上げる。そして裏地をつけたりアクセサリーになる小物をつけたり、ボタンホールを作ったりして、仕上げていく。まさに手作りで、一着のスーツやオーバーを完成させるのに、けっこう手間も時間もかかる仕事だった。

この仕立て代は庶民の娘にとってはかなり高くついた。そのため、自分の着る服ぐらいは自分で作れるようになりたいと、洋裁学校へ通って洋服の仕立て方を習うことがはやった。洋裁学校に二年ぐらい通うのが、学校を終えた娘の代表的なコースになっていた時期もあった。いろいろな衣服がうまく縫えるようになれば、自分と家族の服だけでなく他人のも頼まれるようになり、ちょっとしたアルバイトにもなった。戦争で夫を亡くした妻たちの生活手段として、また家庭の主婦の内職仕事としても洋裁の技術は役立っていた。

大学教師の章子は、専門の仕立て屋に頼むことができたが、毎回、布を買う――それを持って注文に行く――仮縫いに行く――出来たものを取りに行く、の四つの工程を経て気に入った衣服を手に入れていた。まず生地を買うところから始まる。

✢午後大丸に気がかりだった生地を買いにゆく。5ヤール。（57／6／9）

以前、大丸百貨店で見てほしいと思っていた生地があったのだろう。それをこの日に決心して買いに行ったのだが、「5ヤール」には少し説明がいるかもしれない。「5ヤール」の「ヤール」は長さの単位の「ヤード」のこと。つまり、一ヤール／ヤード＝三フィート＝約九一・四センチで、約九一センチの長さであった。当時は服地の幅にはヤール巾と、シングル巾（72センチ）ダブル巾（144センチ）があった。「5ヤール」はヤール巾の布九一センチ幅×五で約四・五メートルの長さの布だが、これだけあれば、普通のシンプルなデザインの大人用のワンピースが一着できた。

章子は生地の名前も詳しい。

✢西京―京大―楽友会館―買物　黒グログランの買物、すてきな洋服。（54／6／16）

✢小林さんとこへ生地見に。グレンチェックを買ふ。（55／2／25）

✢ローズ色のジャージー買ふ。（55／3／16）

✢欲しかったギンガムチェック買ってかへる。さはやかなブラウスをつくってもらふつもり。（55／4／21）

✢急に寒くなる。タッサーのブラウス着ていったのはよいが少し涼しすぎた。（55／10／8）

✢ドスキン買ひ、ヒナちゃん。（56／11／21）

普通なら「チェック」ですませてしまうのを「ギンガムチェック」「グレンチェック」と区別し、「グログラン」「タッサー」など一般には使われない生地名を書きつけるところはさすがにおしゃれな章子の本領発揮場面である。ここで、簡単にこれらの生地の説明をしておくと、グログランは濃い密度で織ってうねりを出した織り方の生地、グレンチェックは、小さな格子が集まって大きな格子を作っている柄、ギンガムチェックは白ともう一色で作られた格子柄、タッサーは、野生の繭から作った絹織物、そして、ドスキンは普通は男性用の式服やオーバーなどに使う重厚な毛織物。五六年一一月の日記は一一月も下旬のものだから、冬を控えて寒さに間に合うように「ドスキン」を買って、ヒナちゃんの家にオーバーを頼みに持っていったのであろう。

生地を求める第一段階がすむと、それをもってヒナ子氏のところへいく二段階目の作業。ここで、その生地に合ったデザインを相談して、発注となる。その一週間後ぐらいには仮縫いに行くと記される。

✢午前中かりぬひ、小イキな感じで気に入ってゐる。(53/9/17)

✢午前中にヒナ子さんとこでかりぬひ。すてきに出来そうでうれしいこと。(55/10/13)

仮縫いは、自分の選んだ生地とデザインがうまくマッチしているか、それが自分に似合いそうかどうか、注文主としては非常に楽しみでもあり一抹の不安も感じるちょっとスリリングな段階である。この二日の記載は、どちらも、「小イキな感じ」、「すてきにできそう」と素直に喜んでいる。

次は最終段階の出来上がりである。

✢オーバ、ジャンパースカート　美しく出来上り。（53／12／10）

✢ひなちゃんとこへ。レインコート出来上り。きっちりきれいにできた。（56／6／5）

✢ヒナちゃんとこでネマキ受取ってかへる。あまりにも愛らしきネマキなり。（57／3／18）

つい、「よかったね、お気に入りにできあがって」と言いたくなるような満足ぶりである。「ネマキ」まで縫ってもらったというのが意外だが、「あまりにも愛らしき」と言うことから想像すると、フリルのついた可愛らしいネグリジェだったかもしれない。「ねまき」は、「ヒナ氏とこで、ねまきやワンピース」（58／7／16）と、翌年にも注文している。

袖なしブラウスを改造

しかし、思いどおりにできて満足する仕上がりばかりではなかった。

✢ヒナ子サンとこへ、スカート出来上り。（54／11／15）

✢新しいスカートをはく、足がひらかずチョコ〳〵あるきでをかしい。（54／11／18）

三日前にできたばかりのスカートをはいてみたら、足が十分に開かないようなタイトなスカートだった。大股でさっそうと歩くことはできない。この一か月ほど前にも「おニューの黒いタイトの服」(54／10／3)と書いているから、このころタイトな服を好んでいたのかもしれない。大柄の章子がチョコチョコ歩く姿を想像すると、やはりちょっとおかしい。せっかく作ってもらった服が気に入らないこともある。

✢十時に家を出、小林さんとこへ、ジャンパースカートはいゝとして、袖なしのブラウスには閉口、レースはとてもきれいなのだが。十二時半京大、無門関を少しよむ。E先生とこには来客ばかり。(略)くたびれおなかへらしてかへる。

夜、洋裁、スリップぬいあげ、袖なしに袖をつける細工をする。何とかゆきさう。しめしめ。(54／7／24)

いつものようにヒナ子さんのところへ行って、出来上がったジャンパースカートとブラウスを受け取った。袖なしを頼んだつもりはなかったのに出来上がってきたのは袖なしで、きれいなししゅうをしたブラウスだった。大学へ行く途中だったから、そのまま持って大学に行った。E教授に会ったり研究会に出たりして、疲れておなかすかして帰って、夜は「洋裁」をしたという。章子が洋裁をするのは珍しい。ミシンでカーテンなど縫うことはあっても、それはただのミシンかけで洋裁とは言えない。

袖なしのブラウスのことは、困ったと思いつつも受け取った以上は何とかしなくてはならない。昼間の研究会などのあいまにも、善後策を考えていたのであろう。袖なしは、体格がいい人にはちょっと着にくいデザインである。腕のつけねの腕の一番の太い所がにゅっと全部出てしまう。章子も袖なしは着たくないから「閉口」したのであろう。でも、ししゅうはきれいだからブラウスとして着てみたい。そこで、思いきって改造しようということになった。新しく袖を作ってそれをそでぐりに縫いつける作業だ。新たに別の袖を作ることだってそう簡単ではない。まして、寸法のきまっている袖ぐりにうまく縫いつけるのはかなり高等な技術が必要だ。しかも、目立つところだけにきれいに袖がついていないと外出用には着られない。でも、やってみたらできた。「うん、うまくいった、すごい！」というところだろう。それを「しめしめ」と言ってほくそ笑むのが章子流だ。章子はその日のうちに袖なしブラウスを袖ありに改造してしまった。この夜は「スリップぬいあげ」もしているし、やはり立派に「洋裁」をした章子だった。

もちろん、流行のファッションもとりいれている。

✢昼食後ひなちゃんとこへ。ウエストスカート。(56／4／14)

✢ヒナ氏とこへゆきダスターをもらひ、ウールワンピースをたのんで帰る。(58／9／22)

「ウエストスカート」というのは、当時のファッションの一つで、ウエストの芯の幅が一〇センチ以上もあり、胸の近くまでくるようなスカートであった。「ダスター」は「ダスターコート」のことで、三陽商会の「SANYO　COATの歴史」によると、初めて同社がダスターコートを世に出したのが一九五三年というから、当時の流行のファッションだったのであろう。「ウールワンピース」も、このころから流行り出していた。

結局仕立ててもらったのは、オーバー・ブラウス・ジャンパースカート・ウエストスカート・スーツ・レインコート・ワンピース・ネマキと、下着以外の衣服のほとんどである。これだけのものの仕立注文に応じることができた「ヒナ子さん」は相当有能なドレスメーカーだったのだろう。

靴は神戸であつらえる

次は靴のおしゃれである。

✢あと、三つ星で靴をあつらへ、元町などを散歩してかへった。(56／4／24)

✢五千円の靴できる。どうしていってあった型とちがってゐるのかわからない。のっぺらぼうのやうな気持もする。何ともいへぬ心境なり。(56／5／10)

✢朝早くから神戸ゆき。靴屋に痛い左グツを直させるため。(56／5／29)

四月二四日に、父・文章の友人エンライト氏一家が神戸港から帰国するのを見送ったあと、靴をあつらえたのである。これもオーダーメードである。その半月後にできあがった靴は料金五〇〇〇円。この前の冬のボーナスが「二二〇〇〇円」(55／12／16)と記されているから、けっこう高い靴だったのではないか。それが注文の型と違っていた。それでもはくことにしたが、左足が当たるか何かして痛いので、また神戸まで直しに行くのである。足元のおしゃれを維持するにはそのくらいの労を惜しんではいられない。このほかにも神戸通いは続く。

✣午後、神戸へゆき靴注文、元町ちょっとぶらつき阪神の特急に乗って梅田へ。（58／12／19）

✣漸くにして神戸へゆけば靴はまだできてゐずうんざり。（58／12／30）

年の暮にわざわざ神戸まで靴を取りに行ったのにまだできていないとはうんざりもしよう。でも、もちろん、いつも神戸へ注文に出かけているのではない。地元の向日町の靴屋であつらえることもある。「七時帰宅　靴出来上り、うまくできた」（56／9／29）、「靴出来、しゃれてゐる」（56／12／31）、「靴きれいにできてきた。エレガント？なサンダル」（57／5／31）。

注文どおりにしゃれた靴ができた、エレガントなサンダルにしあがった。ご同慶の至りである。その四〇年後、一九九〇年代に、寿岳家を訪ねたとき、章子が「私は京都のイメルダ夫人＊よ」といって、びっしりつまった靴棚を見せてくれたことを思い出す。章子の靴へのこだわりは若き大学講師のころからすでに始まっていた。

＊イメルダ夫人：フイリピンのマルコス元大統領夫人。革命で追われてハワイに亡命する時、宮殿に残した靴が一〇〇〇足以上もあったことで有名。

おしゃれは衣服や靴だけではない。髪のおしゃれも怠りない。忙しい日々にもかかわらず、美容院通いは実に頻繁である。毎月一回はパーマをかけ、その間にセットに行くので、月に二回は行くことになる。月に三回行っているときもある。

✣仕事又ふえる。しかし、たのしい。パーマセット、(58／6／14)

✣銀行、ＮＨＫ、裸の大将、研究会、パーマ、談話会と忙しくとびまはった。(58／10／30)

忙しく駈けずりまわっている中でも、パーマの時間は確保している。この時間を捻出するのも一仕事ではないかと思うが、それも章子には楽しい日常の一つだったのだろう。今のように予約制でなかったから、「パーマネントにいった。ひどくこんでゐた」(56／3／27) というときもある。待たされることも多かった。ＮＨＫに録音に行く前、東京の学会に行く前、来客があるとき、大学の講義の前、おしゃれな章子は髪をきちんとしておきたい。人の前に立つ機会が多くなるから美容院通いもそれだけ頻繁になる。忙しさの相乗効果というものだ。

振り返って、章子の大学時代の日記にもどってみると、こんなことを言っている。

✣直ちゃんはパーマネントをあてにゆくとて大騒ぎだ。どうしてあんなものにそれこそ「あこがれる」のだらう。実に笑止な次第だ。(45／12／2)

この同じ人が、一〇年後には毎月毎月パーマをかけに行くことになろうとは、何と人間とは面白い存在ではないか。

ともあれ、章子はおしゃれにお金も時間もずいぶんかけていた。忙しい忙しいと言いながら、おしゃれの時間は惜しまなかった。おしゃれも章子にとっては不可欠なものであった。こうして生活を楽しみ、豊かにすることは、章子が教育・研究・社会活動に邁進し推進するための必須の条件であり、結果であったと言えよう。

3．忙中映画あり

章子は、忙しい忙しいと言いながら、映画を実によくみている。日記にはその日に見た映画のことが頻繁に出てくる。題名だけのこともあるが、たいていは一、二行の感想が書かれている。

✢何というヘビー、六時起床、洗たく、映画「土曜はあなたに」（ベラエレン／アステア）京大、日本考調べ、夜、原コウ　一時半就寝。スゴイ。（54／6／8）

✢忙しい。洗たく、十時すぎ学校。ひるまでしけん。午後色々の雑用で四時まで桂、（略）四時半―五時半NHK、高山市長との対談たのまれる。八木氏ひっぱりだして色々なことたのむ。それからテッカまき食べて「先生のお気に入り」みる。久々でしゃれた映画。（58／10／3）

家事をして、映画を見に行って、大学へ行って調べ物をして夜は原稿を書く、そんなヘビーな日程を、自分でも「スゴイ」と感心しているのである。一〇月三日のも超多忙の中を最終の上映に駆け込んでいる。この日も洗濯をして、勤務先の西京大学の桂キャンパスへ。そこで午前中は教師として試験をし、午後学内の雑用をすませ、そこからＮＨＫの京都支局へ出向いて、市長と対談の番組に出演。ここには社会時事問題を語る評論家としての章子がいる。その後仲良しの三女組のひとり、八木氏を呼び出して何か頼みごとをしている。それが終るとどこかのすし屋で鉄火巻を食べる。おそらく七時ごろであろう。寿司の味もそこそこに映画館に飛び込んで、最終回の上映にぎりぎり間に合ったということであろう。こんな多忙な中でも、章子は映画を見ることは犠牲にはしない。時間をやりくりして映画を見る時間を作っている。あるときは、「教授会の合間にファンタジアみる」(55／11／14) こともあった。大学のすぐ近くに映画館があったのだろうか。あったとしても、ずいぶん落ち着かない「ファンタジア」見物ではなかったか。

映画を見る頻度が、また、すごい。一週間に二回も見ることもあり、月に六本も見ているときがある。五八年三月には、二日、九日、一〇日、二五日、二六日、二八日と六日で六本も映画を見ている。この月章子は、春休みで講義や演習はないが、一日にＮ響をきき、七日に八人で奈良に出かけ、一五日は卒業式、一八日は入試、一九日は採点、そして山下清の研究会を二回開いている。書評の原稿書きも、他の原稿の校正もしている。そういう多忙な時に六本も映画を見る時間とエネルギーをどこからひねり出していたのだろうか。

その映画見物は一人のときもあるが、誰かと一緒に見ることも多い。

✢朝から母と外出。山河はるかなり＝The searchを見る。悪い映画ではないが小粒。でもかは

いらしい子供。(54／5／18)
✢朝から三人でカビリアの夜をみにいった。特異な映画だった。道よりは少し落ちるかしら？しかしカビリアの実に純粋な生きる力。(57／11／24)
✢九時からの試写会広場の天使をJとみにゆく。常套といへば常套ながら、しんみりした映画。(58／3／2)

仲のいい母しづと一緒に見ることが多いが、時には父親もいれて三人で見に行ってもいる。弟Jと一緒に見ることもある。そしてまた、先に見た方の評判を聞いて同じ映画を後から見に行くこともある。

✢P・Mリチャード三世に。十一時すぎまで。オリヴィエすごさうだ。たのしみ。(56／3／14)
✢三和銀行の改印のビジネスを終了してからリチャード三をみる。あゝオリヴィェ……、二時四十分の何と短くすぎてしまったこと。たくましい演技、私はもうほれぐのていたらく、最後に涙までにじませるほどその演技は残酷でありむごたらしい生命力にあふれたものだった。ギャフンとなってかへる。(略)もう一ぺん、オリヴィェー！といって私はねようとする。(56／3／26)

P・Mつまり両親が先に見て、主演のローレンス・オリヴィエはすごいと言ったらしい。もともと好きな俳優だから、実際に見に行ったらやはり圧倒されてしまった。ますますオリヴィエにのぼせあがってしまって、涙がでるほど感動し、寝る前にもオリヴィエ！と叫んでいる。

「エデンの東」に涙

章子が先に見て、両親がそれに続く例もある。

✢午後　翼よあれが～を見る。スチュワート好演。男のきびきびした世界、この間の揚子江のにひきつゞきチャーミングなり。（57／8／19）

✢P・M、翼よ～をみにゆく。（57／8／22）

「翼よあれがパリの灯だ」という、初の大西洋横断飛行に成功したリンドバークの伝記映画を章子が先に見て、主演俳優のジェームス・スチュアートがよかったと言ったのであろう。三日後には両親もその映画を見に行っているのである。寿岳一家が真に映画好きであること、同時にこの一家が五〇代の両親と娘、また、三〇代の姉と弟が一緒に映画を見たり、映画の情報を交換し合ったりする、非常に仲のいい家族であることがわかる。

当時は、「一九五八年には映画人口が一一億人を突破するなど、映画は娯楽の殿堂として不動の存在となるとともに、映画産業における第二の黄金時代が到来することとなった」（Wikipedia 2022/08/20）とされる映画の最盛期で、数百人は収容する大きな映画館で、混めば立ち見、入れ替えもないから途中から入って終りまで見、また最初から通して全部見るような見方もあった。劇映画の二本立ても多く、三本立てというハードな上映もあった。章子も母親と三本立てを見に行っている。

✢今日は思ひ立ってママと映画見物、女人のやかた、討入前夜、白き神々の座といふ豪華陣？で百円、すっかりおそくなって三時半に出た。（54／11／23）

日記には、この後で遅いひるごはんをふたりで食べたと書かれているが、午前早くから三時半までそれぞれ時代も趣向も違った映画を続けて見るのも、ずいぶん気力と体力が必要だったことだろう。三本で一〇〇円は、同じ月にパーマをかけて八〇〇円と言っていることから計算してもずいぶんお得な値段だったようだ。当時の娯楽の中の代表的存在であった映画は観客も多く、満員御礼のことも珍しくなかった。

✢朝のうち尚あたゝかし。トッパーをきて、母と映画（にごりえ、終着駅のつもりが満員のため剣とバラ、ワニの王国にかはる）にゆく。ワニ、すてき。小鳥の生態に劣らず私にはよかった。（54／2／28）

✢午前中洗たくなどをすまし、昼食後映画をみに。エデンの東＝破たんはあるが、もらひ泣きする、フレンチカン〳〵＝きれいな色、そしてすさまじいカン〳〵ダンス。人いっぱいで苦しい見方をしたため頭と肩のいたいこと。（55／12／14）

満員で目当ての映画が見られない時は、さっと別の映画に切り替えて、それでもけっこう楽しんでいる。最初の目的の「にごりえ」「終着駅」と、さしかえの「剣とバラ」「ワニの王国」とではずいぶん趣の違う映画で、見る側のモード切り替えが簡単ではなかったと思うが、そんなことにおかまいなく、何でも受け入れて楽しめるおおらかさがこれまた寿岳一家流であった。満員の映画館で頭や肩を痛めながら見ていれば、ジェームス・ディーンの苦悩にも容易に共感できたことであろう。

「三文オペラ」のオリビエにのぼせる

見た映画についての寸評が日記には記されている。そのコメントをまとめてみよう。当時人気を博した主演俳優の演技に着目したものも多い。

1. 春の序曲：ひとまずダービンは成長している。春の曙のやうな声と、久々の美しい洋装。ストーリイといえばほとんどないラムネの泡みたいな映画だが見て気持はよい。が、貧弱なものであらう。
一人のための映画などつまらぬものだ。(46／3／30)
2. 夜毎の美女：気の利いたすっきりできた映画、もひとつ風刺といっても世間がさわぐほど深いものではなく、サロンのだんらん程度。フイリップののびくした演技好まし。(53／12／28)
3. グレンミラー物語：深くも浅くもなくきびくした映画で気持よい。アリスンの演技に負ふ

こと多し。（54／1／19）

4. 三文オペラ：とてもよかった。些かローレンスオリビェにのぼせた。たくましい達者さ。実にたのしい映画。（54／3／11）

5. モガンボ：恋愛事件そのものは大したことないとしても、色彩の美しさと、動物撮影のうまさにおどろいた。ウイットのある会話もおもしろい。上々の娯楽映画。（54／4／15）

6. 百万ドルの人魚：プレンソーダみたいな映画。だが、わるくない。あとに少しばかりのさはやかな哀愁めいたものを残してゐる。（54／7／1）

7. 浮雲：デコの演技で全巻ビッシリ持ってゐる感じ。（55／1／30）

8. 姿なき一〇八部隊：秀抜のアイディアもある一方、師団長の扱ひなんか月並みでまずくて。（56／3／1）

9. 野郎どもと女たち：そのいなせさに感心してゴキタクなり。（56／5／4）

10. オセロ（立通し）と生きていてよかった：それぞれちがったカンゲキにうたれて、ハンケチはびしょくになった。（56／9／21）

11. 白鯨：大へんに面白く興味深かったけれども、ペックがどうも不自然でダメ。好きなレオ・ゲン。色はすてきだった。（56／10／8）

12. 追想：久々のバーグマンのほりの深さ、ほれぼれした。ヘレン、何とやら　さすがにぴりり。（57／5／14）

13. 動物たちはどこへゆく：足を打たれた象が鼻で水ををかけてゐるあはれさに涙が出た。（57／

7／30）

14．王子と乞食：大へんに面白かった。映画らしい映画。オリヴィエの再度のミリョク。モンロー案外に愛らしい。（57／10／30）

15．菩提樹：やさしい気持のよい映画。これに何のケチもつけなくてもよいだらう（58／3／25）

16．女優志願：ストラスバーグ大へんうまい。でも、それだけのやうである。（58／7／30）

17．野ばら：かはいらしいきれいなフン水のやうな映画。悪くない。ただし「菩提樹」の方がやや上か（58／8／28）

18．ペリ：まことにかはいらしい映画ながら少々ねむい。（58／12／27）

1は敗戦翌年の東北大生時代の映画鑑賞記である。主演のディアナ・ダービンは、戦前の日本でも「オーケストラの少女」「アベ・マリア」などの映画で可憐な少女を演じてファンを魅了した少女俳優であった。だから、戦後平和な世の中になって再びその俳優を見て「ひとまづ成長している」と戦前の映画後の成長を確認し、「久々の美しい洋装」に、目を奪われている。「美しい洋装」は、戦中戦後の貧しい衣料事情に耐えてきて、美しい服装に飢えていた章子たちにとって羨望の的であったであろう。

2ではフランスの俳優ジェラール・フイリップの演技をほめ、3では、清純派女優とされたジューン・アリスンを高く評価している。ローレンス・オリヴィエには両親の見た後で見た「リチャード三世」でも、のぼせあがっていたが4と14でも文句なしのほめ方である。7は邦画の「浮雲」で、高峰秀子（デコ）の演技で全巻がもっているという。「子どもの眼」（56／1／16）をみたときも、「デコ柄にあった好演」と高峰をほめている。同じ高峰の主演の「二十四の瞳」（54／9／21）は「善良でやたらに涙が出るがしんきくさい」と、やや否定的である。

11では、エイハブ船長のグレゴリー・ペックの演技を良くないと言い、スターバック役のレオ・ゲンの方がいいという。12は、主役のイングリット・バーグマンにほれぼれし、皇后役のヘレン・ヘイズの演技も買っている。16の「女優志願」の主役女優スーザン・ストラスバーグは「たいへんうまいが「でもそれだけのやうである」と、抑制した評価をしている。

また、映画の印象を比喩で表現することがあるが、その比喩が面白い。1の美貌の主役のために作られた映画のストーリーのなさは「ラムネの泡みたい」で、「見て気持はよい。が、貧弱」だという。6は、シンクロナイズドスイミングの花形の半生を脚色したアメリカのミュージカル映画だが、プレーンソーダみたいだという。飲んだときはさわやかでその場では気分がいいが、あとには何も残らない、その物足りなさをうまく表現している。17の「野ばら」も、「かはいらしいきれいなフン水のやうな映画という。清純なその映画の雰囲気をうまく表現して、この映画を見ていない者にも、その軽いさわやかさは伝わってくる。

人間の幅広げた映画の数々

ここで、今回扱っている日記の中に出てくる映画を総ざらい並べてみる。一九五四〜一九五八年はほぼ毎日日記を書いているが、一九四六年、一九五二年、一九五三年の三年は日記を書いた日が少ないので、この三年分は実際に見た映画より少ない数になっているはずである。表記は日記に従う。

一九四六年　四本＝春の序曲、ラインの監視、迷える天使、王国の鍵

一九五二年　一本＝The desert fox

一九五三年　八本＝千羽鶴、女狐、アリスと小鳥、クォヴァディス、愛情、禁じられた遊び、リリー、夜毎の美女

一九五四年　三九本＝バンドワゴン、グレンミラー物語、エベレスト征服、白馬、素晴らしきかな人生、剣とバラ、ワニの王国、三文オペラ、偽りの花園、禁断の木の実、ダンボ、大自然の片すみ、戦慄の七日間、モガンボ、七人の侍、ローマの休日、山河はるかなり、土曜はあなたに、噂の女、愛情の瞬間、百万弗の人魚、黒いじゅうたん、ジョニイダーク、ドンカミロ、スミス都へゆく、探偵物語、波止場、恐怖の報酬、ビーバーの谷、バンゴ、二十四の瞳、巨象の道、麗しのサブリナ、掠奪された七人の花嫁、女人のやかた、討入前夜、白き神々の座、近松物語、ホワイトクリスマス

一九五五年　三〇本＝浮雲、東京の空の下で、警察日記、ブリカドーン、砂漠は生きている、ここに泉あり、オズの魔法使い、ピーターパン、スター誕生、喝采、The end of Affair、白鳥の湖、ブルースカイ、血槍富士、蝶々夫人、文なし横丁、ペンギン、ナポリの饗宴、Deep in My Heart、遠い雲、旅情、あしながをじさん、コーティ、ファンタジア、緑の魔境、エデンの東、フレンチカンカン、市川馬五郎一家顛末記、浮草日記、賊・警察日記

一九五六年　三七本＝ベニイグッドマン物語、子どもの眼、白い橋、ミスターロバーツ、恋愛準決勝戦、黒キツネ、ビルマの竪琴、ハリーの災難、姿なき一〇八部隊、滅びゆく大草原、リチャード三世、夜あけ朝あけ、戦争??《ママ》、ピクニック、必死の逃亡者、理由なき反抗、野郎どもと女たち、失われた大陸、真昼の暗黒、カラコルム、黄金の腕、ヘッドライト、回転木馬、誘拐、スイスワンワン物語、恋愛時代、女囚113号、他国者は殺せ、夜もすがら、沈黙の世界、赤い風船、空中ブランコ、夜の河、オセロ、生きていてよかった、白鯨、マナスル

一九五七年　一九本＝思春期の感情、汚れなきいたずら、追想、南極探検、罪と罰、道、動物たちはどこへゆく、揚子江死の脱走、翼よあれがパリの灯だ、青い潮、パリの不夜城、昼下がりの情事、群衆の中のひとつの顔、喜びも悲しみも幾年月、おねえさんといっしょ、王子と乞食、カビリアの夜、気違い部落、風前の灯

一九五八年　三三本＝絹の靴下、百獣の王ライオン、広場の天使、眼には眼を、情婦、菩提樹、蛍火、この目で見たソ連、ふんだりけったり、マダムと泥棒、魅惑のパリ、いとしい殿方、戦場にかける橋、パリの休日、無法松の一生、杏っ子、スパイ、駅前旅館、若い獣、非情、女優志願、若き獅子たち、最後の接吻、野ばら、コマ?《ママ》、平和の谷、彼岸花、先生のお気に入り、死刑台のエレベーター、めまい、老人と海、針なき時計、ペリ

これら章子のみた映画の題目をざっとみると、日本映画より外国映画の方が多い。外国映画も多岐

にわたっているが、「ブルースカイ」（55／6／7）、「あしながおじさん」（55／10／31）などミュージカルがかなり多い。「旅情」（55／9／3）のような純愛物も、また、フランスの社会派の監督の「眼には眼を」（58／3／9）のように暗い深刻な映画もあるし、「ハリーの災難」（56／2／22）のような「気の利いた娯楽」作品もある。邦画では「血槍富士」（55／6／20）のような時代劇もあるし、夫婦愛を描く「喜びも悲しみも幾年月」（57／10／14）もある。

何でも見てやろうという好奇心と、それを受け入れる大きな包容力と貪欲さがある。時には、映画から力も得ている。「力づよい作品。神父がとても気に入った。些かペシミズムにおちいり、無為に逃避しかける昨今の私の心に些小の勇気を吹きおくったやうだ」（「波止場」54／8／5）と、内向きになりそうな自分への勇気づけとすることもある。

忙しい日常の中でこうした数々の多様な映画を生活の一部に組み込み、趣味として娯楽として堪能しながら、章子は人間としての深みを増し、魅力ある人としての幅をひろげていった。

4．病身の母を看病して

母しづはもともと体の丈夫な人ではなかった。章子の女学校時代も病気で寝込むことがあり、『過ぎたれど』にも病気の母のことが記されている。女学三年の一二月である。

学校から帰ってみると、母さんはねてられた。まだお熱がひかない。枕元で今日の考査のお話

などした。晩御飯の時は起きて来られた。(38／12／12)

このころの章子は、親に対しても立派な敬語を使っている。戦前の女学校の女子教育の結果である。大学時代も手紙では完全な尊敬語謙譲語を使用していたが、大学を卒業して大学教員になった後の日記ではもう敬語は消える。大学教員時代の日記でも母はたびたび病気をしている。一九五五年には脾腫の病名も出てくる。入院生活も何度もしている。

✢mの入院定まる。月曜日。(57／1／11)

✢午前中大丸へ買物に。タオルねまきやステンレスのなべなど。午後何となくすごしている中岡本夫人来家。夜から少し楽になる。(57／1／13)

✢今日から何もしなくてもよい代りに、何だか気を使ふ。十時より西京にて入試の問題会議。(略)昼からは失礼して帰る。午後入院す。ざわめきの中、夕方になる。さびしい雨が降る中を急いでかへる。コテコテのライスカレー。のどかはく。十二時就寝。(57／1／14)

大阪府立大学付属病院への入院である。これから大阪通いが始まる。鍋まで持ち込んで入院する時代だった。病人の食事を、病院でこしらえるわけだ。しかし、仕事のある章子が病院に付き添うことは無理なので、付き添いの人をたのんでいる。それが「岡本夫人」だ。家事は任せて楽になるが、他人が家に入ることになればどうしたって「気を使う」。岡本夫人の作ってくれた「コテコテのライスカレー」も我が家の味とは違う。のどがかわくが我慢、我慢。このころは、「カレー」でも「カレーライス」でもなくて「ライスカレー」だった。なお「入院定まる」と記しているが、「入院決まる」のことだろう。ほかにも「学会発表の件定まる」（55／4／10）や「通院火曜と定まる」（57／4／26）など「定まる」としているが、「決まる」との混同だろう。

✣忙しい一日だったが、岡本氏帰って気はまことに楽なり。午前中来客多。洗たく。（略）夜抄物の目録と思ったが手紙かきに終始す。（57／1／20）

✣久々にて狂言の研究会及びイソポ。（略）mの退院意外に早いのでやれやれ。変な気持。しかし、再び水入らずになれるのはまことにうれしいことなり。（57／1／21）

✣かへればまさしくmゐた。岡本さん七時半過ぎかへる。あゝ、これで水入らず。おそくまでおしゃべり。（57／1／26）

この時の入院は予想したより短くて一月二六日に退院した。章子も意外だった。よほど岡本夫人がいるのは気詰まりだったらしい。「水入らず」を連発している。退院したばかりの病人を挟んで「おそくまでおしゃべり」するところに、団らんの多い家族というとおりの寿岳家の家族の紐帯の強さが表れている。二月になると、映画も一緒に見に行っている。

✣ママさんと映画。思春期の感情。SY京映。何といふ事もないけれどにぎやかでをかしい映画。

うなぎと茶わんむし食べ、私はゾーリ、ママはオビを買って帰った。(57／2／11)

仲良し母娘の復活である。肩のこらない映画を見てウナギを食べ、「私はゾーリ、ママはオビを」買う。今すぐ必要でもない物をいそいそと買う母と娘の浮き立つような情景が目に映る。これで日常に戻ったかと思ったのだが、そうはいかなかった。悲しいことにこの翌日から「ママ少しカゼ気味にて心配」(57／2／12)となる、安堵したのも束の間、また母は具合が悪くなる。

吐血、手術に不安深める

✢m 夕方再吐血。前途甚だ不安なり。(57／3／6)

✢この上なく苦しい一夜があけた。不安と疲労と〜ちょうど戦争中の駅の夜明しの如き感じ。(57／3／7)

吐血した母の傍でおろおろしながら朝を待つ、戦争中、終列車も行ってしまった駅でひたすら夜の明けるのを待った記憶がよみがえってくる。今はただ母がまた吐血などしないようそれだけを祈って朝を待ったのだ。

✢悪戦苦闘の一日。午後マヽ入院した。病院はきれいだが三人べヤではどもこうもならない。めちゃくちゃ。心を残して帰宅。(57／3／21)

✣タイを持ち、病院へゆく。四時までゐる。キミさん来。夕方からpかへる。(57／3／26)

✣病院へゆかない日は何だか変な気分でフラリフラリと歩いてゐる。(57／3／27)

✣熱がつゞいてヒローコンパイ、早くひいてくれ。病院も何もあったものでない。(57／3／30)

入院したら、個室ではなく三人部屋だった。母は気に入らない様子だが、部屋が空いてゐないのだから仕方がない。見舞いにタイを持って行くこともある。病院の炊事場で調理したのだろうか。家の仕事も学校の仕事もある、病院に毎日行くけるわけでもない、でも行かなければ行かないで、落ち着かない。「フラリフラリ」と夢遊病者のように歩いてしまっている。そして終に章子自身が熱を出してしまう。さすがに丈夫を誇る章子も病院通いと自分の仕事の中で積もっていた疲労には勝てなかった。

✣大阪のすごい人出。かきわけるだけでいらいらとくたびれてしまう。三時すぎまで病院、カキ雑炊、プリンなど。(略)近鉄に三べんも出かけた。クスリ。(57／4／7)

✣レントゲン検査の結果、ヴァリックス(遠藤注：varix = 静脈瘤)小さいとか。やれやれ。手術の様子などで大分具体的になってきた。(57／4／8)

✣奈良の婦人会ではなしする。ちょっとしたユサン気分を束の間みた。春の花を見た。快適な特急で大阪へ出た。八時まで病院にゐた。くたびれ。(57／4／10)

病院へ行くには大阪の繁華街を通らなければいけない。近くには近鉄デパートもある。おやつを買いに行ったり、お茶を飲みに行ったり、それにしても三回も出かけるとは多すぎないだろうか。だから自分でもおかしくて「クスリ」と笑ってしまっている。八日にはレントゲンの結果もわかり、静脈瘤は大きくなっていなかった。よかった。でも手術はしなければならない。

✢一時―四時半マヽ手術。夜の苦痛。私は病院暮らしをはじめる。(57／4／12)

✢眠りがたい一夜を明した。ひどい苦痛。はたで何ともできない辛さ。(略)午後はブドートウとポリタンミンの静脈注射でたいへんである。(57／4／13)

✢昨夜はマスイ薬の故か痛みやヽましであり、又カンゴフさんの入来も一一時以後なかったのでまだねられてよかった。(略)導尿をしてもらひ六百ｃｃぐらいのすごく多量。イタミ、一部が取れない。やれやれの感じ。私はヴァンドリエスよみだすのであるが、さすがに頭が散漫になり、さっぱり進まず。困った事なり。(57／4／14)

手術の後は、泊まり込んで看病することになる。母の痛みに身代わりにもなれず、苦しむ母をどう助けることもできないのが辛い。二晩めは麻酔薬がきいたらしくて痛みは少しマシ、そこで章子はヴァンドリエスを読もうとする。ヴァンドリエス（1875―1960）とはフランスの言語学者、その本を読むというのだ。『言語学概論：言語研究と歴史』という訳書も出てはいるが、章子が読むのは原書だろう。ほかのところで、「ヴァンドリエス予習」「ヴァンドリエス調べ」と書いているところから、翻訳書ではなく、原書を読もうとしていると推察されるのだ。そのフランス語の原書を病院に持ち込んで、看病の合間に読もうとするのだからやはりすごい人だ。でも、「頭が散漫になり、さっぱり進まー」ないというのも当然であろう。苦しむ母の傍で付き添いながら、フランス語の原書がすらすらと読み取れるほどの超人ではなかったと知って少し安心する。そんな超人だったら、とてもとても遥かな人になってしまうから。少し軽めの本として田宮虎彦の『愛のかたみ』なども持ち込んでいる。一週間後に家に帰った。

✢一週間のうちに庭のようすがころりと変ってゐるのにおどろく。桜草、しゃくなげ、えびねらん、さまざまの若芽。ふじのつぼみ。九時過ぎ桂にゆく。（略）あたふたと病院に戻る。やはり熱が出た由。困った事なり、タヒ、大根おろし。ネマキかへてせいせいする。（57／4／19）

✢菜種梅雨とかいふさうな。うったうしい雨もよひ。若芽が悩ましげに雨にもえる。十時から演習、はじめのあいさつで終りにし、すぐ宝塚へゆき一時すぎから講演。四時に病院。pと交替。（57／4／22）

✢退院火曜と定まる。すごいすごい。（57／4／26）

✢午後帰宅する。（略）やや曇気味の空の下で強風にゆれてゐる若々しい葉裏のうつくしさ。ママは藤の花に喜んでゐる。岡本先生にご帰宅を願ひ、あとはゆっくりと美しい夜を。タヒの塩焼き、エンドウ豆、大根下し！（57／4／30）

病院通いの忙しさの中で、自然の風物もよくとらえている。雨は雨で、曇りもまたそれとして受け入れて、葉裏にまで目を向けている。母の好きな鯛を病院で食べさせ、着替えさせ、そして、講演までこなして、かいがいしく看病する。やっと退院できると、家事を手伝ってくれた「岡本先生ご帰宅を願い」、再び水いらずの「美しい夜を」楽しむのである。

お手伝いさんを「先生」と呼び「ご帰宅を願い」と敬語を使うところ、章子の文章楽しみ術の一つである。

母が正月に見せた涙

しづは順調に回復し、秋一〇月には、息子・潤の帰国を東京まで迎えに行くことができた。一二月も初めのころは映画「気違い部落」を娘と一緒に見たり、夫と一緒にテレビに出演したりして、普通の生活ができていたのが、そうした穏やかな日は一八日に暗転する。

✢母再四の吐血、おさきまっくら。(57/12/18)

✢言語を絶して多忙の午前のあと、午後入院。冬枯のさびしい道をゆく。
五六七号室に入る。万事なれた感じ。くたびれた。(57/12/22)

暮れに近いときでもあり、さまざまの雑事が山積していて、「ゆくさきの準備と後事の委託と」(12月21日)に言語を絶する多忙を極めた後、母は、以前と同じ大阪大学付属病院に入院した。日曜日の午後入院というのも意外である。それほど急を要したのであろうか。春先までいた病院だから「万事なれた感じ」であった。この日から章子は母に付き添って病院に泊まることになる。二四日クリスマスイヴも、クリスマスも、大みそかも、元日も病院暮らしである。

✣クリスマスイヴの病院の夜。

おかゆ。卵のおつゆ、湯ドーフ、プリン等を少しずつ。〃働く女性の生き方〃やっと読み了る。フロに入った。(57/12/24)

✣レントゲン結局二十八日の午前になる。

パパ手紙色々持ち来る。書評二つ、一一時までおきる。(57/12/25)

泊まり込むのは母の万端の世話をするためだが、同時に章子は病室で本を読み、その書評も書くのである。

✣今日午前中レントゲン検査。

ヴァリックスやはりある由にて、さてこれからどうするかでママ些かおかんむり。病院はこれで来年までお休み。シケン概論しらべ。あんまりよくできてゐないので腹立たしい。(57/12/28)

✣午後Pくる。(略)オペラグラスで外ばっかり見てる。(57/12/30)

✣変な変な大みそか。今年の回顧もへちまもない。(略)近鉄でみじめったらしいお正月の買い物をした。木下の卒論読む、まずまずか。これが大みそかか!チエッ。(57/12/31)

三月の入院も静脈瘤手術であったが、今回の入院で検査したら、それが「やはりある」ことがわかった。再度手術をするかどうかで当の母は「些かおかんむり」なのである。歳末の休暇に入り病院はもう何の仕事もしない。そういう中で試験の結果をみたり卒論を読んだり、日常の仕事を持ち込んでこなしているが、だれにこのうっぷんをぶつけることもできない。やっと日記帳に「これが大晦日か！チエッ。」とうそぶいて平衡を保っているのである。五六七号室というから五階であろうが、オペラグラスを持ち込むという発想はさすが好奇心の塊の章子らしい。

一九五八年の新年も病室で迎えた。

✣奇妙な元日。忘れがたい元日。冷いみそぞうにらしきものを、折づめをつっついて日を暮す。夜Pきて、Mなく。かなしいお正月！（58／1／1）

✣パパと交替して帰宅。（58／1／2）

病院でかなしい正月を迎える。夜来た父を見て、母は泣いてしまう。父は二日前にも来ている。母は正月に家にいられないわが身を思い、会いに来た夫に安堵して涙したのか。章子は父と交替してやっと家に帰った。実に一三日ぶりの帰宅である。家に帰っても、今度は次の留守の間のために弟と父のおかずを作っておかなくてはならない。三日は「ひるまで台所で、立ちづめ」に働いて、また午後は病院に行き、父と交替。三日から八日まで病院にいて八日にいったん帰宅するが、次の日はまた、「わたしは土曜の夜までの食事つくりに大童なり」。そして病院にもどると「病院は見舞客で大繁盛」（58／1／9）になっている。どこへ行っても超多忙の毎日である。一二日まで病院にいて夕方帰宅して、また「家へかへって相かはらずおかずごしらえへ」である。一三日は大学で演習をして夜病院へかけつけそのまま病院泊まり。

✢午後鈴木助教授こられ、ヴァリックスの説明をきく。仰臥してゐるかぎりに於ては安心なりとのたまへど……。七時半頃急に気分わるくなり、あとしばらくして吐血、食物残りぐるみで二百三十グラムだからたいしたことないがやはりショッキングなり。（58／1／14）

✢例により辛い夜であった。あさ、又雨が降ってゐるのでよけい情ない。ママは苦しがってゐる。休日にもかかはらず医者たち入れ替り立ち替り輸血をする、といふ所で私はつきそひ氏にバトンタッチしてかへる。（58／1／15）

急変後の快復に安堵

ところが、家で明日の下調べなどして床に入ったと思ったら、夜中に浮き添いの梅山さんから電話である。

✢床に入ってから梅山氏よりの電話で十二時前pと急遽家を出、病院に向った。血圧下り危険なりとのこと。四時半まで私おきる。あと七時前まで大特室でねさせてもらって大へんうれしかっ

た。（略）血圧だん〳〵ましになったとのことでやれ〳〵夕方かへる。手術どうなることやら！（58／1／16）

血圧が下がって危険な状態とのことで、夜中に父と家を出て病院に駆けつけた。四時半まで起きて看病した。その後仮眠を取ったりしているうちに血圧が下がってきた。あすは授業もあるし付添さんに任せて家に帰った。翌日大学へ出ると、講義中にまた電話がかかってきた。

✣授業中デンワ、ママ吐血。三時より手術とのことであはてゝ大阪へかけつける。一同来てゐる中どうにか手術終る。やれ〳〵。Ｐ、わたし、キミ叔母徹夜。ママ苦しくて大あばれ。何とか夜が明けるように念じるばかり。（58／1／17）

✣きみ夫人四時にかへる。Ｐ五時にかへる。私―夕方まで。ママやゝましか。（58／1／18）

授業を終えてか、学生にご免なさいと言って途中で切り上げたかわからないが、また、病院へかけつけて手術に立ち会った。その夜は、母が手術後の痛みで大暴れするのを、父と母の妹のキミ叔母と徹夜で看病。本人も苦しいが付き添う人々も辛くやりきれないときをすごす。次の日、父と叔母が帰ったあとも章子は残る。ということで、しばらくまた病院泊まりが続く。二〇日には帰宅。二一日にはまた病院泊まり。そしてそれ以降は付き添いさんが付き添ってくれることになった。

✢今日からもう泊らないことにしたのでやれ〳〵といった気持。午後早く帰宅。(58／1／22)
✢手術後一週間、経過よしとか、ゆめのやうな一週間。(58／1／24)

母の経過は順調で、あのころのことはもう夢の中だ。

✢スクラップ整理、つぎもの等、一時過ぎ寝る。(58／2／7)
(欄外に)ママ退院一八日とか、ここまでこぎつけた！
✢ひさごでちらしずしをつくり大阪へ。六時半までゐてあとシンブラをちょっとする。よければハンドバッグをと思ってゐたが、好ましいものなし。(58／2／8)
✢洗たくなどごた〳〵すましたあと京都へ。セットをすまし、五時大阪着。最後であれと望みながら病院の夜をすごす。ママ又ぐっと元気なのでうれしい。(58／2／15)
✢ママます〳〵好調なり。食欲もかなりあってうれしい。(略)近鉄で買物、ハンドバッグ買ったけど、どうかな。(58／2／16)
✢本日ママ退院(略)予定通り三時半に帰宅。やれ〳〵とふんわりしたなつかしい時間。それとともに今までのあわたゞしさ、切なさにたいする一抹の哀愁みたいなもの。病院にいい人たちが多かった故だらうか。マヽ食欲ありてうれし。(58／2／18)

退院のめどがつくと、持ち前の買い物好きが復活する。病院から心斎橋まで出かけてシンブラを楽しむ。ハンドバッグを買いたいが、と言って特に気に入るものはない。でもこの際何か買いたい、頑張った自分へのご褒美だ。一週間後にもう一度行って、えいやっと買ってしまう。しかし家の人たちの評判が気になって「どうかな」とちょっと心配でもある。

年末からおよそ二か月、夜中にかけつけ、重篤な母の容態をはらはらしながら見守ってきた、やっとその危機も乗り越えて家に帰れるようになった今は「やれやれとふんわりした懐かしい時間」である。そしてあわただしく走り回った日々の切ない思いもこれで終わったという「一抹の哀愁みたいなもの」に一瞬、陥る。そして、病院で世話になった人々への感謝の気持ちも忘れない。それもこれも、結局は安堵の裏返しの想いであったろう。

それにしても、章子の母と家族への献身の強さは驚異的である。京都と大阪を往復し、病室では母の食事の面倒を見、帰ると家族の食事の準備をし、その間には卒論を読み、研究会にも出かけている。何からも手を抜いていない。すべてに全力投球である。ちょっと下品な「チェッ」なども出てくるはずである。そして、「キミ夫人来る。文夫叔父のよろめき話佳境に入った頃、丹羽一家来、そこへ川口氏来る。ややこし」(58／1／2)など、こうした危機の迫ったときでも、日記の文章が明るく、ユーモアを忘れないところがすごい。

「仰臥してゐるかぎりに於ては安心なりとのたまへど」と急に古文が出てくるのも、さすが、ひごろ、古文と深く付き合っている研究者の面目躍如たるものがある。

第6章

悩み深き親交

学生時代に何を学ぶべきか
若き世代への先人のエール
よくわかる
安藤昌益
日本の医師—その考現学
「銀の匙」考
堀部功夫
愛をこめて
京都にて
一九七四—一九八七
塩田庄兵衛 著
庄司浅水 著
書物よもやま話
読書の楽しみ
蒐書の醍醐味
一般意味論
忘れえぬ日々
ゆすらの熟れる頃
ぞうれつしゃよ走れ
新しい人よ眼ざめよ
大江健三郎
歌をなくした日本人
小島美子
花衣ぬぐやまつわる
田辺聖子

1. 新村出が拒んだ京大への女子受け入れ

章子は持って生まれた明るさとだれをもこばまないおおらかさで、多くの人と親しく楽しく交わった。超多忙の中でもせっせと手紙を書いて人とのつながりを大事にして多くの人に親しまれ頼られた。三〇代の日記からは、大野晋・金田一春彦・亀井孝・阪倉篤義・浜田敦・渡辺実・宮地裕・敦子夫妻など当時の新進気鋭の国語学者の名前が次々に出てくる。全国に講演に出かけるようになって以後は、おそらくその人脈は学界をこえて、マスコミ界、市民運動の世界へとひろがっていったはずである。

しかし、その特性と思われるほどの根っからの明るさが消えそうになった時期もないわけではない。敬愛する新村出が帝国大学への女子受験を阻んだ人と知った時と、K氏との恋が破れたときである。

新村出《しんむらいずる》（1876－1967）は、『広辞苑』を代表とする多くの辞典の編著を手がけた著名な国語学者で、また、文化勲章の受章者でもあって、知識人の代表ともいうべき人物である。章子の父文章が師と仰ぎ、共同で和紙の研究を行うなど非常に親密な関係を結んでいた縁で、寿岳一家はその新村とは、家族ぐるみのつきあいをしていた。章子も少女のころから、その家を訪ねたり、大学での専攻を相談したり、季節の食品を届けたり、親しい隣人のような付き合いをしていた。さらに、新村の没後に新村の広辞苑の功績を称えて創設された『新村出記念財団』の理事長を、晩年の章子が長年務めるなど、章子は生涯にわたって新村とかかわりを持ち続けた。

学生時代のふたりのかかわりを日記や手紙でみていこう。

✣（卒論のテーマも決まって）あとは前進のみ、冬休なすべきことを様々思ひめぐらして勇んでかへる。（略）とにかく私は一刻も早くかへってやって見たい。新村先生にも御相談申し上げて。（45／11／26）

と、卒論のテーマが決まったらまず相談したいのが新村であった。なかなか決められなくて悩んでいたテーマが決まった。決まったらもう一刻も早く京都へ帰省して新村の所へ行こう。その思いがあふれている。室町時代のことばの研究に決めたのだから、どういう資料を扱えばいいか、新村のたくさんの蔵書の中に借りられそうなものがあるか、きっとそういう相談をしたかったのであろう。日本語の語源や、切支丹物の研究者である新村は、中世語の助詞を卒論にえらんだ章子にとっていちばん信頼できる最適のアドバイザーであった。

暮に帰省して正月を迎え、一月中旬には章子は新村を上京区の新村の家に訪ねている。そこでかなり長時間指導を受けたらしく、その二日後に丁重な礼状を新村に送っている。以下は、新村恭が「新村出と寿岳章子——資料紹介を中心に」（２０２１）で紹介している新村出記念財団重山文庫に所蔵される新村出と章子の往復書簡からの引用である。

あんなに長居をさせて頂きましたのはよいものゝ、先生の御身体に御障りはなかつたのであらうかと御案じ致しております。且つ私のうるさい事物までに御ていねいに御導きを下さいましたありがたさは身にしみるやうでございました。御話しのおかげで、仙台にゐる以上に学んでゐるといふ気持が燃え立ち、在京の一日々々が誠に有意義に思はれて、大そううれしく感じました次第でございます。（略）

大倉流（新村注：大蔵流）の古本狂言は相当史料価値を持つものと思はれますが、室町期の口語研究上、やはり重大な一材料とした方がよろしうございますでせうか、御示しを頂ければ幸ひと存じます。

何分大学二年生といふ油の乗るべき大事な年を工場生活にて、すつかり棒にふつてしまひ、機械が休んで錆びついては中々動きかねますやうに、ぎくしやくした運転困難の勉強生活でございまして、我ながら情なく、何かにつけて空白の昨年が口惜しくなるのでございましたが、これからの学びの生活をたのしみに、さゝやかでも未来へ伸びるもとになる勉強を心がけて行きたいと存じてをる次第でございます」（新村恭 80－81頁）

大蔵流の狂言の古本が室町期の口語資料として使えるかどうか聞いている。助詞の「の」と「が」の使用例として狂言を使うことは決めたが、この大蔵流の古本狂言がその資料に値するかどうか、確認したいのである。それに答えられる人はそうはいないだろう。章子は、前年二年生の時学徒動員で軍需工場に派遣されていた学問研究空白の時間を嘆きながらも、「未来へ伸びるもとになる勉強を心がけていきたい」と前向きの決意を表明している。この手紙の一週間後に新村出は章子に葉書を出している。

先般おたのみの本、本日夜京大研究室より持ち帰り候。いつにてもお出で被下度、十時半ころより以後に候はば当方好都合に候（略）。そのをり狂言の本の事もよくおはなしうかゞふべく候。草々（新村恭 81頁）

章子が借りたいといった資料を四、五日後には研究室から持ち帰っていて、いつでも取りに来ていいという。狂言資料について尋ねたことは、頼んだ本を取りに来た時にでもよくきいて考えてみようという。実に章子にやさしい葉書である。このとき新村は七〇歳、章子は二二歳。その道の大権威が大学三年生に対してこれほど丁寧に接するとは驚きでもある。新村という人が熱心に教えを乞う若い学徒には誰に対してもそうであったのか、あるいは父親文章との交友関係からその娘に対する特別のサービスだったのか。

京大大学院への入学を後押し

章子は、このあとしばらく京都に留まり、三月に仙台に戻った。史記抄など抄物を盛んに読んで、卒論の資料集めに精力を傾けるが、方法論が見つからなくて悩む日々でもあった。何よりも辛いのは下宿の農家が、農繁期には章子の手も借りたがっていること、そして子ども好きな章子にまつわりつく子どもたちの騒がしさであった。

六月ついに章子は指導教授の反対を押し切って、学期半ばで京都に帰ることを決意する。それを伝える母への手紙にも新村が出てくる。

帰京する前にまず知っておきたいのが新村の『三河物語』が借りられるか、新村所有の『寛永三年木活本史記抄』が一見できるか否かであった。それを調べておいてほしいという母への頼みであった。東北の帝国大学でも手に入らない貴重な原資料の持ち主であり、期日の制限なしに本を貸してくれる新村は、章子の特設図書館でもあった。

無事に卒論を書き上げた章子は、九月めでたく東北大学を卒業した。九月二六日の卒業式をすませて「汽車は超々満員で最後まで苦しい旅の連続」（新村恭 82頁）ではあったが、三〇日夜京都にたどり着いた。一〇月八日には新村に卒業の報告をし、その間の指導を感謝し、さらに、今後の指導も願っている。

いよいよ学校を出て思ふ存分自己の世界を拓いてゆかねばなりませんが、何事につきましても経験浅く才足らぬがちの私のこと故、これからも何かにつけ先生の御力ぞへにあづからねばならぬと存じます。不束者でございますが、どうか今後尚よろしく御指導下さいますやう伏して御願ひ申上げます。（新村恭 82–83頁）

暮れの一二月二六日には新村が章子に葉書を送っている。

きのふは失礼、（略）けふ運よく遠藤助教授来話あり、よくあなたのことを精しくたのんでおきましたから、新年早々願書を出すやうになさいまし。澤瀉教授もその中に全快、出動と存じます。穎原講師にもやがて会へることと思つてゐます。パパ、ママ御大切に。草々（新村恭 83頁）

前日章子が訪ねたらしい。そこで章子が京大の大学院への入学を相談したのであろう。新村はその翌日にたまたま訪れた京大の遠藤助教授に「精しくたのんで」くれている。遠藤助教授とは第三章の研究生活の章で研究指導をした遠藤嘉基である。澤瀉教授、穎原講師にも頼んでくれるつもりである。澤瀉教授は澤瀉久孝《おもだかひさたか》（１８９０－１９６８ 万葉集研究家）で、穎原講師は、穎原退蔵《えはらたいぞう》（１８９４－１９４８ 近世文学研究家）と、京大国語国文科の錚々《そうそう》たるメンバーである。

新村は翌年一九四七年二月四日にも同様の封書を送っている。

本日（四日）午後、御書状に接せし直後、実に幸にも、澤瀉博士来談に付、貴嬢のこと、委細紹介（エンドウ、エハラ二氏のことも附加へ）今後の指導たのみおき候間、もはや小生の名刺も不要ながら、為念二葉同封いたしおき候。（略）

エンドウ氏には、貴嬢を紹介せざりしが《ママ》、或はそれとも旧臘《きゅうろう》来談のをりに一言せしかともおもひ居り候も、老耄《ろうもう》の記憶薄弱か不確に候。好機あらば（又忘却せずば）直接にも申し通すべく候。

（新村恭 83－84頁）

この日章子の手紙が届いたらしい。その直後澤瀉が来訪したので、遠藤・穎原にも伝えておいてほしいと添えながらあなたのことを詳しく紹介してよく頼んでおいた、という。暮のハガキで遠藤助教授が運よく来たので「精しくたのんでおきました」と書いているが、それは忘れているらしく、また好機を見て直接言っておくと、本当に念入りに章子のことを頼もうとしてくれている。

新村が三人の京大の教授たちに頼んでくれるという手紙を受けて、その後の自分の動きについて章子が報告をしている。


あれから御二人の先生に御手紙を出しまして、遠藤先生には二月十六日研究室で、澤瀉先生には二十三日御宅でお目にかゝらせて頂き、それぞれ御あいさつ申上げました。十六日は潁原先生も学校にお見えでございましたので、先生にもお話出来て幸ひでございました。諸先生の御話によりますと、願書は三月末がよからうとの事でございました。

それでいよいよ四月から大学院へまゐることになりましたが、これも全て何から何まで先生のおかげと思ひまして、ほんたうにありがたく思つてをります。又それを只の万分の一でもお報い出来るやうに仕事をしたいと念じてをります。（新村恭 84－85頁）

三人の教授に面会をして、願書は三月末に出すといいと教えられ、「それでいよいよ四月から大学院へまゐることになりましたが」と、もうここで大学院入学は決まった。

このころの大学院の入試がどういうふうに行われていたのか、大学により時期により一言では言えない。少なくとも現在のように一定の定員数を決め、応募要項を出し、決まった日までに願書を出し、特定の日にペーパー試験や面接試験を行うというような固定したルールで大学院生を採用してはいなかったことは確かで、この年の京大の大学院も決まった日の入試というものをしなかったらしい。研究室の教授陣に対する新村の親身の推薦と紹介もあって、章子はめでたく京大の大学院生になった。もちろん、優秀な卒論も書いていたし、試験があれば又猛勉強しただろうから新村の口利きがなくても大学院生になれたはずである。この紹介のプロセスに章子と新村の無類の結びつきの強さが表れていることを言いたい。

その後院生となり大学専任教師となった後の日記にも「新村先生、宮地家、杉山嬢訪問で一日暮れた」（53／12／15）、「午前中、新村先生訪問。つもる雑談」（54／10／27）、「午後Mと新村家へたけのこ運び」（55／4／11）、「一時にタケノコを持ち新村先生とこへ。先生おるす、奥さまのおはなし」（56／4／21）など新村との日常的なつきあいが書かれている。寿岳家の近くには竹藪があって春にはタケノコがよく採れた。毎年春になるとタケノコ配りが章子の仕事でもあった。五三年の訪問は一二月も半ばだからお歳暮を届けたのかもしれない。この前日一四日には「小田先生にアナゴを差し上げる」とも記されている。

五四年の訪問は、『広辞苑』の初版が出るのが一九五五年だから、その前年に当たる。どちらも公私多忙な日々を送っているころだろうが、何を思い立って章子は新村を訪問したのであろうか。『広辞苑』の話など出たかもしれない。新村は七八歳、章子は三二歳で年齢的には親子以上に離れているが、子ども時代からの付き合いで、隔てなく親しく「つもる雑談」を楽しんだことであろう。

さて新村に戻るが、新村が章子の大学を訪ねることもあった。五七年夏には「十時―十二時イソポ予習、カビの生えた演習室にて。新村先生来訪さる」(57/7/24)と記されている。

この時は新村すでに八〇歳を超えている。老大家がカビのはえた演習室にわざわざ章子を訪ねたのは、どんな要件があってのことだったか、知りたいところだが、それは日記には記されていない。

こうして大学などでの師弟関係ではないが、それに準じた、いやそれよりももっと緊密な関係で章子は新村を尊敬し慕っていた。新村も新進の研究者として章子を認め育ててきた。もはや、父文章をはさむこともなく、章子と新村の対等の研究者としての関係は新村が没するまで続いた。

新村没後に明かしたこと

新村の没後十数年を経たとき、章子は新村についての恐るべき事実を明らかにした。エッセイ「私の被教育史から　女性差別は何ほども変わっていない」(1980)に書いている。少々長いがそのまま引用する。

大学に入ったことを、父が何かと御指導いただいていた新村出先生に御報告した時のあるエピソードを私は忘れることができない。最初の国文志望は、もうその頃は国語学専攻と志を定めていたので、斯学の大先輩として私は欣喜雀躍おしらせに行ったのだ。その時先生は心から喜んで下さると同時に、次のようなことをあわせておっしゃったのだ。

「親しいあなたが国語学をやることになって大学に行くのはとてもうれしい。それにつけても、東北のような遠いところへゆくのは大そうお気の毒だ。実は、今にして思えば申しわけないことがある。私が京大の文学部にいた頃、厨川白村氏たちが、京大とても女子の入学をみとめるべきだという案を出され、なかなかの討論となった。最後は投票となったが、私がキャスティングボードを握ることになって、私はノーの方に入れた、女子の入学をみとめるべきだったかと今にして思っている。すみませんでしたねえ。」

私はその話を聞いてとても変な気がした。その、新村先生のおっしゃった教授会の風景をあれこれ想像してみた。今に至るまで私は想像しつづけている。どういう理由で、教授方は「女は入学させない」ということをきめられたのだろう。ほんとうに不思議だ。それぞれの学問の世界ではすぐれた業績をあげている人たちが一方で、その世界に女無用ときめこむ。それは何千年来人類の採用してきた勝手きわまるテーゼであるが、それに対して何ら異をさしはさまぬとは。学問とは、そんな妙な論理で生きている人にもできるものなのかという気持は私には強かった。

そんな話をきき、あらたに一種の怒りがふつふつと湧き起る一方、丁々発止、女も入学させるべきだと主張してくださった方も多かった、圧倒的多数で女けとばし説が通ったわけではないのだということに、うれしさも感じる。ありがとうございますという気持だ。そして、その話をして下さり、すまなかったですねとおっしゃった新村先生にも感謝する。どういうことで、京大が女を入れぬことになっているかの片鱗がわかったのだから。できたら他学部ではこんなことはなかったのか、また東大ではどうだったのかをも知りたい。よくも長年拒否してくれましたねという怨みはいまだに私に強い。とりわけ私は東北大卒業後、七年も京大の大学院にお世話になったので、個人的には大いに恩を感じている部分もありながら、全体の構造としては怒りはさめない。

東大、京大はその点に関する自己批判をする必要があるのではなかろうか。もちろん当事者はほとんどこの世に居られないかもしれないが、大学の責任において差別の歴史を明るみに出しておいてほしいと、今私はつくづく思っている。

（「私の被教育史」8－9頁）

同じ新村の爆弾発言について、章子は一九八八年に刊行した『京都まちなかの暮らし』（以下『まちなか』）の中でも書いている。

なかでも東北帝大に合格してすぐ、うれしさのあまりに飛んで行って先生にご報告申し上げた。先生はとてもお喜びになったが、そのときまことに思いがけないお話をなさった。

「いや、仙台なんて遠いところにこのご時勢に行かれるのはほんとに大変ですね。それで私、まことに申しわけなく思うことがあります。私が文学部にいたとき、厨川白村君が、女性の入学を許そうと教授会に動議したんですよ。いろいろ議論がありましたけれど、私がキャスティングボートをにぎる形で否決になったんです。あなたがこういうことになるのを知っていたら可決しとくのでした」

それは私が生まれるほんの少し前のことであるらしい。厨川氏が京大にいたのはそう長い間ではない。彼は大正十二年の関東大震災で鎌倉で死んでいるのだから。

何と！ 私は一種の強烈な感動を覚えたが、当時はとにかく東北帝大に入れた喜びで、その先生のお話の意味は今ほどには深刻に考えていなかった。

ここ十数年、深刻に女性史の問題を考えたり、あるいは一九一三年（大正二年）、東北帝大が女子の入学を許可し、三人の女子学生がただちに入学したおり、文部省が反対意見をいってきた手紙の実物を東北大で最近見たりした今、おそらくは私だけが聞かされたそのお話の意味をじっくりと思うのである。先生はそのとき「すみませんでしたね」と心からおっしゃった。私はその事件を聞かせていただいただけで十分満足、まして新村先生のお詫びのことばまでいただいたのだから、何をかいわんやである。少なくとも京大文学部教授会で、女性を入学さすべきか否かについて討議が存在したのだ。何もない、これっぽっちもそんなことを思わなかったところより、いくらましかわからない。

（『まちなか』323－325頁）

時間の経過のせいか、新村発言を聞いた後の章子の受け止め方は、後者ではるかにトーンダウンしている。

米国留学者の提案を受けて

さて、実際に、京大の教授会で新村のいうような、厨川らの女子入学提案とその討議が行われたのだろうか。

厨川白村《くりやがわはくそん》（1880－1923　英文学者。『近代の恋愛観』など）は当時新進気鋭の文芸評論家。京都大学文学部の講師であった一九一六年にアメリカに留学している。帰国後、アメリカ社会の女性たちが生き生きと活躍しているのを目にしていくつかの報告文を書き、充実した女子教育がアメリカ女性の元気の元であり、大学院などでの学業成績は女子が男子を凌駕しているとみていた。

> 知識や教養《カルチユア》の方面から言つても、米国の婦人は男子に比して決して劣るものではない。米国の第一流の大学の或ものには、本科の方に女子は居ないが（それは別に女子大学があるから）、専攻科或は大学院と称すべき課程《コオス》では男女混合で、これは皆ドクトル試験を受くべき人たちである。多くは既に大学卒業後、教師その他の職業に従事してゐた人だ。
>
> これが文学の方などでは十中の八九まで女子であつて、その学業の成績も全体から言へば確かに男子を凌駕してゐるのは事実である。学才や脳力の点に於ても婦人が本来必ずしも男子に劣る者でない事は、最高の教育を受けて居る此種の米国婦人が充分に証明してゐる。
>
> また、米国で婦人の地位の高いのは女子教育の盛んなことが重要なる一原因である事は今更《ママ》ふまでもないが、各地の州立大学は多くは男女共学《コエヂユケイシヨン》で、男も女も全く同じ講義を聞くのである。
>
> （「六 婦人の教育と活動」『厨川白村全集第四巻』338－339頁）

こうしたアメリカ社会を見て帰国し、一九一七年に京都大学の助教授になり、一九一九年には教授になった白村であるから、教授会で女子の入学を動議することは大いにありそうなことであった。

一九一七年ころから白村が没する一九二三年までの教授会記録の中の、女子入学を許可する提案とその討議に関する記録の開示を、京都大学のコンプライアンス部法務室情報公開掛に求めてみた。その結果、「本学における教授会に関する法人文書の保存期間は三〇年である」ため、開示しないとの回答を得た。それにしても三〇年の保存期間とは短い。戦前の教授会資料などははるか以前に廃棄されていたのだろうか。

もう少し調べていくと、一九八四年に章子の父・文章が雑誌『英語青年』に寄稿したエッセイの中に似た記述が見つかった。文章は「私の戦中戦後史抄（4）―最もいそがしかったころ」と題する短いエッセイで、早世した厨川白村の再評価復権を主張しながら、白村の言動の一例として女子入学の提案に触れている。

現行の憲法を貫く男女平等・人権尊重の思想はつとに白村にあり、京大文学部教授当時、女子入学希望者のために門戸を開けと教授会の席上で最も熱心に主張したのは彼であったと聞く。（7頁）

文章自身の見聞ではなく、伝聞の形で述べているのだが、新村の言うように、教授会で女子入学が取りざたされたことは確かなようだ。その決定には、新村がキャスティングボートを握っていた、その新村が女子の入学にノーと言った、それで女子の京大入学は葬られた。この事実を知った章子は一九八〇年の「私の被教育史」では、「とても変な気がした」といい、その八年後の『まちなか』では「私は一種の強烈な感動を覚えたが、当時はとにかく東北帝大に入れた喜びで、その先生のお話の意味は今ほどには深刻に考えていなかった」という。どちらのエッセイでも憤りを感じたとは言わない。尊敬・信頼していた恩師の新村に裏切られたとも言わない。いまさら泣きわめき、怒り狂っても仕方がないということなのか、「変な気」というのが精一杯だった。

新村の一言によっては、京大に受験できたかもしれない、憧れの京都帝大で学べたかもしれない、しかし、今となっては遅すぎる、「言葉も出なくなる程」の猛勉強をして東北大に入った、その過ぎ去った時間を取り戻すことは不可能だ。そういう諦めと、自分と家族に対する新村の存在の大きさのゆえの遠慮とから、新村に対する怨みの声は出なかったのか。それどころか、『まちなか』では、「その事件を聞かせていただいただけで十分満足」し、まして新村の「すみませんでしたね」のお詫びのことばまでいただいて、「何をかいわんや」と全面的に受け入れ、非難めいたことばはいっさいみられない。

「私の被教育史」では、新村へ矛先を向けることはせず、女性は劣る存在であるとして組み込まれた学問のあり方に疑問の目を向けている。学問の蘊奥《うんおう》を究めた大学教授たちが、学問の世界に女を入れずに差別するという全く不合理なことに気づかないことに対していぶかっている。学問とはそんなものなのかと。そういう疑問を抱くことは実に正しい。このことは四四年後の現在でもそのまま言える。女性の医学部受験生に、女性というだけで男性より合格点を高く求めた大学がある。それが現在の最高教育機関の最高の知性が決めたことだった。そこに真の学問があったのか。それは真に大学と言える教育機関だったのか。

一般的に、学問世界がまったく不合理な男性優位思考を温存させていることを非難することは易しい。だが、ここでは章子は当の被害者である。一般論だけではすまない。そこで、被害者としての反応が次の段落に現れる。

まず「京大とても女子の入学をみとめるべきだ」と言った厨川白村らに感謝し、その提案をつぶした事実を言って「すまなかったですね」と謝った新村に感謝している。前者への感謝はうなずけるが、後者への感謝は、ちょっと優等生すぎはしないか。確かに新村が本当のことを言ってくれなければ知ることもできなかったわけで、それを言った新村は言わないよりは確かに偉かった。でも、その事実を伝えたことは感謝に値するとしても、そのときわき起ったもっと激しい思いは、たった一票の差で決まるとき、あなたがノーと言ったばかりに私は目の前にある京大を受験できず、遠くの仙台まで行かなければならなかったんですよという嘆きや怨みではなかったのか。章子はそれをぐっと押し殺して、怒りや怨みを長年女子を拒否してきた東大・京大に向けて、女性差別の歴史に対する責任追及へと及んでいる。これが新村発言に対する章子の始末のつけかたであった。

なぜ糾弾しなかったのか

新村発言は一九四三年章子が大学合格を報告した時であるから、このエッセイが書かれるまで三七年を経ている。たびたび述べているように、章子は大学入学後も親しく教えを乞うているし、大学退官後は新村記念財団の理事長まで務めている。一件落着である。

だが、ここで、このエッセイを書いた章子にあえて注文をつけておきたい気がする。

新教授たちの半数は女子の入学を認めようとしたのに、ノーと言ってその議論をつぶしてしまった新村をもっと責めてもよかったのではないか。こういう事例は新村に限らず世間にたくさん存在する。女性を排除することを決定した人は、長年続いていたことだし、従来そうだったから、その慣習にのっとっただけだぐらいの軽い気持ちで決定して、その後の事を深く考えるようなこともない。その軽い気持ちの決定によって、夢を奪われ、大きく人生を変えられ、必要以上の努力や負担を強いられる女性が多数存在するという事実を認識することもない。

章子は新村のみならず、新村的な決定権行使力を持つ人物に対して警報を鳴らすべきではなかったか。該博な学識で学界をリードし、世間の尊敬を集めている人物が、理不尽にもノーと言ったことで、開かれたはずの門が閉ざされた、その被害者である章子こそ、力ある人の一言の発言の罪の重さを糾弾すべきではなかったのだろうか。章子は晩年になっても、折に触れては京大や東大が女性に門戸を閉ざしていたことを憤っていた。その被害者・犠牲者として恨みつらみを後年まで言い続けていた。その怨みの根本が、思いもよらぬ師の拒否権行使によるものであったと知ったとき、それを明らかにしたことに感謝するだけでよかったのか。

誰にもまして専門の分野で教えを受けていたし、大学院入学の際は親身になって推薦し紹介の労をとってくれた恩師のことを、直接非難したり抗議したりすることは、いくらはっきりものをいう章子にもできなかっただろう。だから新村の生前は秘しておくしかなかったかもしれない。でも没後もう少し早くこのことを知らせて、その被害の大きさを訴えてほしかった。この悲劇からすでに遠く隔たり、改めて二人の日記や書簡に接することができるようになった今、若い章子にあれだけ丁寧・親身に、専門についてアドバイスをし、大学院入学のためにあれだけ懇意・綿密に支援したのは、新村の贖罪意識からだったのではないかと思われもする。

だからと言って、新村のような権威と力のある男性の言動の罪の重さを追及する手をゆるめてもいいというつもりはさらさらない。温厚な人格者でも、崇高な学者でも、女性への偏見・蔑視をどこかに残している人は多いということをもっと早く訴えてほしかったと、今にして思うのである。

2．章子を悩ませたK氏

章子の大学院から大学教師時代の日記には、頻繁にK氏が登場する。苗字が記されることもあるがそれにまれである。大野氏、浜田氏、宮地氏など多くは実名で登場するが、K氏はたいていは頭文字で出てくる。日記だから他人を意識しているわけではないだろうが、その日記でも実名では書きたくない事情があったように思われる。

✢十三日池上先生の研究会、段々最初の性格を変えてきて、物をいふにしろ何だか平凡になってきたので面白くない。妙ないらだちがこの会では不協和音のやうに常におこる……。それは何かの思出につながらずに居れないからだ。三月である。

私はしばらく放心する。目の前で、K氏は昔ながらに切れた発言をしてゐる。変わらなさと、しかも時の存在と。（53／3／15）

K氏が今回の日記で初めて登場する研究会の場面である。期待して始まった研究会だが平凡になってつまらなく思っている。しかもこの研究会に出るといつもいらだってしまう。それは研究会のメンバーであるKとの思い出につながるから。Kはメンバーの中でも特に鋭い頭を持っていて「切れた発言」をしている。それは「昔ながらの」ものである。章子はそれを聞きながらしばらく昔の思い出に浸って放心している。「昔ながらの」といい、「時の存在」というところから、K氏とは以前から何らかの関係があったことがわかる。K氏は京都大学文学部を一九四八年に卒業し大学院に入っており、章子は一九四七年に京都大学大学院に入っているから、そのころから互いに同じ空間で過ごしてきた研究仲間であったはずだ。出会ったころを一九四七〜八年ころとすると、この日記を書いている一九五三年からみたら、五、六年前のことで、それはもう「昔」の「思出」になってしまっている。しかも「三月である」と、感慨にふけっているかのような書き方から見ると、「昔」の三月に何かが起こったらしい。Kが「切れた発言」をすることは今も昔も変わらないが、ふたりの関係には「時」が介入してしまっているのだ。次に出てくるのは四月である。

✢今日はひるの一とき、KY氏と対談、事務的な、全くあのひとのためのはなし。幸いに私は動揺もなく思出のたぐひも一切たぐりよせず非感傷性にあった。(53/4/8)

ここでは「KY氏」になっている。K氏と同一人物であることは「思出」の語から判断できる。この年三月Kは大学院をやめて、ある女子大学の専任のポストを得ている。そのKY氏のためのことを事務的に話し合ったというのだから、その新しい職場のことについて、先に大学の専任のポストについている章子が何か助言でもしたのかもしれない。幸い、動揺したり感傷的になることもなかった、と言う。このことは、裏を返せば、本来なら冷静に落ち着いて話し合いのできる状態ではないのだということを暗示している。そこを強い自制心で平静を装っていったということであろう。その後しばらくは日記にKのことは出てこない。この年の秋、また章子の心は騒がしくなり、悲しくなる出来事が起こった。いや起こってほしいことが起こらなかったから、章子の心は波立った。東京で開かれた秋の国語学会とその周辺の日記を綴り合せてみる。

淋しい夢とはかない約束

一〇月某日、章子は当時の京都―東京間を走る最も速い列車だった「つばめ」に乗り込んだ。小雨の降るさびしい日だった。四号車に乗り、長旅の伴侶として持ち込んだ『労働司祭』の本を読んでいた。感動のあまり、つと目を上げると、Kが同じ車両に乗っていた。でも、どちらからもことばはかけなかった。そのまま、長い汽車の旅の間ずっと近くに乗り合わせていながら、決して話し合うことはなかった。読書にも集中できないまま東京駅まで沈黙は続いた。知人の家で泊まることにしていた章子は東京駅からそちらに向かった。

知人宅での眠りは浅かった。慣れない床で寝つかれないままにようやく寝ついたと思ったら、Kの夢に目覚めさせられてしまった。淋しい夢だった。胸を締めつけられるような気分だった。昨日の黙ったままの出会いが、またかつてのKとの日々をよみがえらせた。

昼間は東大の、戦災をまぬかれた法経三六という古い階段教室で研究発表会。研究発表で、特に自分の研究にとって刺激になるような面白いものはなかったが、発表の後の質疑での討論の雰囲気は面白かった。その夜のことを章子は簡潔に書く。

✝夜、池上・阪倉・金田一・渡辺・林の各氏と白十字にて夕食。たのしげに。(53/10/10)

ここに出てくる人物は「池上」は池上禎造京都大学教授、「阪倉」は阪倉篤義京都大学助教授、「金田一」は金田一春彦名古屋大学助教授、「渡辺」は渡辺実大阪女子大学助教授、「林」は、当時現役の国語学者の中に数人の同姓者がいるが、おそらく国立国語研究所の「林大」であろう。このメンバー、当時の学会誌『国語学』をみると、一〇輯(1952年9月)に金田一が巻頭言「編集のことば」を、阪倉が「明治以後における古代語法の史的研究」、章子が「抄物とは」を、一一輯(1953年1月)に池上が「キリシタン資料」を寄稿するなど当時の国語学界を牽引していた中堅どころと新進の錚々たるメンバーである。章子はこのとき、二九歳で京都大学大学院に在籍しながら西京大学専任講師の職を得ていた。気鋭の研究者六人の会食は、議論もはずんでさぞ活発に繰り広げられたことであろう。だが、「たのしげに」と記す章子は心の底からは楽しめていない。Kとのことが尾を引いているのである。

翌日も東大で学会、築島裕《つきしまひろし》(1925-2011 国語学者・訓点資料研究)と芳賀綏《はがやすし》(1928-2017 国語学者・日本語表現研究)の記念講演があった。前者はいつものように緻密な考察の結果を発表し、後者はちょっと気の利いた面白さが魅力だった。それらの発表に伴って行われた討論が切迫していて非常に面白かった。夜は学食で開かれた懇親会にも出席した。久しぶりに会う同学の士とことばを交わすのは楽しかった。立食でたいした料理はなくても、各所に話の輪ができてにぎやかな時を過ごしていた。Kも参加していたので、ふと、思いついて言った。あしたいっしょにかえらへん？　私は一一時半のつばめで帰るつもりやけど。Kはイエスともノーとも言わなかった。「はかなき約束」のまま別れて、章子は、渋谷まで池上先生と一しょに行き、一〇時すぎ知人宅に戻った。

その翌日、章子は十一時すぎに東京駅に着いた。列車が入ってきた。ついにK氏は現れなかった。

✢この事が大そうこの旅行をさびしくさせた。こんなちょつとしたことにすぐ涙つぽくなってゐる。私は実に馬鹿々々しい存在であるが、何だか堪えられない黒いうづきがキッカケを少しでも得るといたむ。甚だ荒涼、甚だ寥々。窓外の自然はこの上なく美しかつた。海側のフジを初めて発見しておどろいた。又、夕月の柔らかな光に又もや感情をそゝられた。テットウテツビ、かはりなき私の一人旅。かへればにぎやかなおしゃべり十二時までも。（53／10／13）

一三日東京駅で約束した汽車にKは来なかった。章子は完全に振られてしまった。帰りの車中は「甚だ荒涼、甚だ寥々」で、一人旅の寂寥になやまされる。窓外の自然の美しさに紛らわそうとするが、「夕月の柔らかな光」を見ても「又もや感情をそゝられ」て心が乱されてしまう章子であった。自分は何もかわっていないのに、相手の心が変わってしまったことを改めて思い知らされる旅となった。家に帰ると両親が東京での学会や会った人々のこと次から次に聞いてくる。いろんな人のエピソードや記念講演の気の利いたウイットなどをにぎやかに話すことで、一人旅の辛さは忘れようとした。学会から戻ってしばらくしてKに会った。

✢Kとかなりはなす。はなしたところでどうなるものでもなし、どうかなったでもなし、もう少し無心にならないと、とんだ馬鹿げたことになりさうだ。大へんつかれてしまった。今晩は明月である。(53／10／22)

かなり話し込んだが、もうよりが戻る見込みはない。自分の思いが相手を縛るだけだとしたら、それはよくない。執着心が強いと思われてもつまらない。付きまとわれて迷惑だなどと噂されたりしたらとんだ馬鹿げたことになってしまう。もっと無心になろう、と自分に言い聞かせている。明月であるだけに、疲労感がいっそう身にしみる。

適当な距離感を保っても

その数日後には、フランス映画祭に参加している。時宜を得た映画の選択と、それらの映画のカメラワークの正確さ無駄のなさに章子は十分楽しみ満足している。しかし何よりもよかったのは、同じ会に参加しているKが適当な距離を持って対峙していたことである。

✢たしかに今晩をたのしくすごさせたものはKが適当の距離にゐたことである。全く十分に適当の距離に。これでいゝといふ気持が多分に私を訪れた。(53／10／27)

親しげににこやかにKが近づいてきたりしていたら、また混乱してしまったかもしれない。だが、適当な距離を保ち続けるKをみながら、心情の上での距離も読み取った章子は「これでいいと心底から思うことができた。客観的な距離が章子も未練を断ち切ってくれた。

一二月になった。年内最後の主任教授の講義は「実のあるはなし」だったが、Kは来なかった。だから、

✢全く平静である。ひょっとした波立ちもすぎさり、おだやか。(53／12／10)

であった。研究会に来なくても、もうこないからどうしたのかなどと詮索することもなくおだやかにKの不在を受け入れた。でも、Kの論文が発表されると真っ先によむことになる。その書き方についての批判は抑えることはできない。この論文は、時期から見て、『国語学』第一三・一四輯に載ったKの「叙述と陳述――述語文節の構造」ではないかと思われる。

✢おだやかな日曜、全くKの論文をよんでくらした。内容は高く、重大な問題を多く含んでゐるのを、あとさき錯綜した筆致でつゞってあるのでいらく〵した。最初に起こった疑問をあとからとくやうにしてあるのは些か悪趣味である。(53／12／13)

✢午後Kと論文について一時間ほどはなす。比較的すっきりと問題点のやりとりはできた。静かな、しかもさびしい満足感のうちにおだやかな日ざしのうちに別れを告げた。(53／12／16)

章子はKの「頭の切れ」を認めている。論文もよくよんでいる。今回のは内容はいいのだがその論の進め方は悪趣味だと思う。それで、読んだ三日後には会って、率直にそのことを指摘した、そのやりとりは純粋に論文の運び方の問題として論じあってあとくされなく終わった。あれだけ悩ませたKに対しても、論文としての批判や感想は冷静に話せる。さすがは研究者章子だ。わだかまりもなく穏やかにわかれることができた。

年が明けると、年賀に一緒に出向くことになる。

✢十時に家を出て、遠藤先生、宮地氏宅、K氏と共の浜田氏宅訪問、一往たのしい一日。だが、何と落ち着き払ってさびしい心持だろうか。（54／1／4）

遠藤教授宅と宮地宅へは章子一人で年賀に訪れて、その後でK氏と一緒に浜田宅を訪問している。「一往」は楽しいが、もう心は騒がない。それでいいのだと思いながらもやはりその事が却って淋しい。三月には、研究会に久しぶりにKが出てきた。もう終わったと言い聞かせてきたのに、いざ目の前に現れると「かすかなる苦悩。再び三月である」（54／3／12）と、苦しくなってしまうのをどうすることもできない。あの破綻が起こった同じ三月がまた巡ってきた。

思い切らなければと理性ではわかっているが、心のほうはそうはいっていない。カラヤンの指揮するベートーベンの第五の演奏を聴くと「ふっと、K氏これをきくにやと想像し」（54／4／14）てしまうのである。なかなか思い切ることは難しい。

✢Kよりハガキ。面倒な翻字論、そして苦々しいあまずっぱい奇妙な思出をよみがへされてあまり好ましくないことがら……息苦しいやうなあの頃の回想。（54／5／22）

Kからハガキがくると、テーマは面倒な翻字論だが、どうしてもつい「あまずっぱい奇妙な思出」がよみがえって回想してしまうのである。その後も折に触れてはKのことが気になってつい何か言いたくなってしまう。

Kの結婚を知り心乱れる

✢昨日の国語学会は（略）学会全体としてはうまくいった。だけど、最後には思ひきり空しく、白々と私はなるのである。そう、自分のことにかゝりきりのKのすがたを、心さみしくながめたのである。（54／5／31）

✢六時におきて東山にゆきK氏及び時枝先生のはなしをきく。K、頭のよい、きらきらしたはなしだけどバックボンのない、多面体。学生の親しげな反応面白し。（54／7／29）

✢おだやかな元日。天候もよし。研究室の年賀の会、いつもの如し。Kおそろしく浅ぱくに見える。わたしは非常に大人になったにちがひない。（55／1／1）

当時国語学会は春と秋と年に二回開かれていて、春は京都で京都大学、秋は東京で東京大学などと、京都、東京の二都市で交代に開かれていた。京都大学の当番の時は院生たちは大いに駆り出されて働くことになっていた。章子も実はもう大学院をやめていたが、いくつもの研究会には参加して研究室の常連だったから、学会準備会のメンバーにもなって、学会が成功するよう奔走していた。だから学会が終わると空しくなってしまうのだが、それにひきかえ、Kは「自分のことにかゝりきり」で学会がどうなろうと我関せずである。みんなが自分の時間を犠牲にして学会成功のために奔走しているときに、こういう利己的な態度はさびしいと思う。研究発表も、「頭のよい、きらきらしたはなし」だが、「バックボンのない、多面体」と、結果的には否定的に見ている。年賀の会でも「おそろしく浅ぱくに見え」てしまうのが残念だと思う。ついKのことが気になって注意が向いてしまう。そのため厳しく見て欠陥が見えてしまう。なかなか無心にはなれない。

ついにKが結婚するというニュースがどこからか聞こえてきた。

✢K氏の結婚ばなし、具体的にははじめてきいた。いさゝかだけはかわいそうな私。ほんとうに何にもなくなった。くたびれないかと思って心配しながら歩いている。(55／4／25)

✢昼の間は洗濯やの不始末などでむしゃくしゃしてゐたが、夜のシンフォニイオブザエアーでまずさっぱりとした。すごくけたゝましい豪せいな音。感傷も何もない、たゞ〳〵音楽の世界。十一時すぎ帰宅。

Kの結婚式の今日。シムホニーのおかげで助かった。何にも考へないで、くたびれて私はねよ

う。(55／5／8)

✝遠藤先生K氏の結こんあいさつのことなど話される――やはり奇妙な気持。辛いともいいきれないけれども芝居をしてゐるのがわびしい、かぎりなく。かへり、ケーキをしづやでもらひ、高シマヤで銀のばらを千六百円で買った。華やかだがわびしい買物といひつべし。(55／5／21)

心が離れてしまって、もう昔のKではなくなった、そう言い聞かせて冷静にふるまっておだやかに別れたりしてきたが、そのKが結婚すると聞いたら、やはり平静ではいられない。本当に最後通牒が突き付けられて、終に一縷の望みも絶たれてしまった。可哀そうな章子。

その結婚式の当日も、「すごくけたゝましい豪せいな音」のシンフォニーに救われた。何も考えないでただただ音楽の世界に没入できたから。その後結婚式に出た主任教授が当日のKのスピーチのことなど何かの折に口にした。私は何の関係もないのですというふりをしながらきかなくてはいけないのがわびしいのだ。帰りにケーキを買い、高島屋で一六〇〇円もする銀のばらを買ってしまう。パーマ八〇〇円(54／11／2)、ビフテキ三〇〇円(54／7／3)の時代だから、ずいぶん高いバラを買ったものだ。高価なバラは華やかだがその華やかさは現実を裏切るもので、だからこそ「わびしい買物」になってしまったのだ。

その後夢の話が日記によく出てくる。

✝昨日のじめく〵した天候にわざはひされてか、灰色の空にうっすら夕焼けしたやうなさびしいくゆめをみた。ほんとにさびしかった。そしてどうしたことかKがはかなくでてきた。なんといふこと、これは。（55／10／7）

✣ひどくコンプレックスにみち、みじめなゆめをみた。精神分析をするといやになる。Kが関係し、新がたの浜辺などが出る夕暮のゆめ。（56／6／7）

✣ゆふべのやうなKのゆめみると、もうとても色々ないみで辛く悲しい。哀れで馬鹿々々しい意識下の私を知って又別のいみでかぎりなくわびしくなる。（56／11／26）

Kは結婚してしまったのに、Kに関する夢をよく見る。ゆめは意識下の自分の表象であると考えると、表面ではあきらめたつもりでいるのに実際の自分はまだ執着しているということになる。それを知るのはまた辛いことだ。

✣ひしくと妙な情感が迫る。十二月と云ふ月はあぶなっかしい感じ。横になってゐるとゆめのやうに東京旅行のことが思ひ出される。一番は何といっても犬吠岬。あざやかに。（56／12／2）

以前、一二月に何かあったのだろうか。「あぶなっかしい」のはなぜだろう。Kと「昔」した東京旅行のこと、足を伸ばして犬吠岬までいったあのときのことがきのうのことのように鮮明に思い出される。

ストレートに情感を記すのはこのあたりまでで終わっている。翌年になるとKに関することは、仕事がらみ・研究がらみのものに移っていく。

五七年の三月は、章子がKに非常勤で教えに来てもらおうと交渉している。折り入ってのたのみとあって、まずは家に行って頼んだ。家にはKの母親も在宅していた。「昔」とかわらないたたずまいだった。またあれこれ思い出してしまって困った。二日後にはKとうどん屋であってその返事を聞いた。Kは章子の大学の非常勤を引き受けてくれるという。章子としては、本当は来てほしいのだが、断られる公算が強いと思っていたので予想外の展開でうれしい。ところがその翌日の電話でKはもう一つ別の大学から非常勤にきてほしいと頼まれているという。やはり縁がなかったのかと落ち込んでいたら、その翌日また電話がかかってきて、最終的に引き受けてくれることになった。「やれやれ」である。

✢九時過ぎ桂にゆく。十時K氏来る。三回生はりきってゐる様子でうれしい。そこはかとなき思出。controlはよきものなり。(57／4／19)

四月新学期には晴れて非常勤講師として迎えて学生の評判もよさそうだが、かすかに思い出も残っている。でも「controlはよきもの」で、十分自制できるようになった、と章子は言うが、やはり一種の強がりであろう。

親しい研究仲間に

五七年七月から、章子とKは、フランス語専門の小田教授に指導を受けながら、フランスのゴンクール賞作家マルゾー（1913－2012）の研究会を始める。フランス語で書かれた論文を小田に教わりながら読解していったのであろう。会場は長岡の小田教授宅。七月の暑さの中、当時はエアコンなど普通の家にはなかった。夜の研究会だから虫も飛んできて閉口もする。時には章子の家が会場になることもある。

✣K氏とマルゾーをしに長岡へ。この時はまことに楽しいと思ふ。（58／4／18）
✣活気あるおしゃべりデー。K氏の表現によれば、story makingにあけくれた。（58／4／25）
✣小田先生とこアミ戸入りやれやれなり。K氏ナイロンのくつしたくれる。あれまあ。（58／6／20）
✣夜小田先生とこへいったらK氏夫人病気とか、だべってふくろふの声など聞いて帰った。（58／8／8）

互いの家を会場にして、時には食事も共にしながら小規模な研究会を開くというのは、きわめて人間的な温かい行為で、研究それ自身が血の通ったものであることを予想させる。暑さや虫に悩まされるのも、研究生活と日常生活とが一体化している証明ではないか。そうした研究会を章子は「まことに楽し」んでいる。章子はKとの雑談からも刺激を受けてもっと勉強したいと思う。おしゃべり好きな章子が活発にしゃべり続けていると、Kはそれを好意的にとらえてstory makingと名づける、章子もそのネーミングを喜んで受け入れている。今では互いに相手を理解しあった良き友である。

あるときは、Kは章子に「ナイロンのくつした」をプレゼントしている。ナイガイのHPによると、ナイガイが一九五二年にナイロン製のフルファッションストッキングの製造を開始して、「ナイロンのくつした」が日本社会に普及し始める。このストッキングは現在の腰の部分まで入るパンティストッキングが開発される前の物、つまり、太ももまでの長さの靴下で、五〇年代のものには足の後ろ側に縫い目の線—シーム—がついていた。現在のような線のないシームレスが登場するのは六〇年代である。Kが贈ったストッキングは、シームのある太ももまでの長さのもので、当時はまだ貴重品であった。だからそれをもらった章子は「あれまあ」と驚き、喜ぶのである。

Kとしては、非常勤講師の口の紹介など、章子のひごろの好意に対する謝意を表したかったのであろう。また、ある夜は、章子が小田先生宅に行って、Kの妻が病気でKが不参加と知る。それを聞いても淡々と受け止め、今では別に何とも思わない。こうなるまでにKの結婚後三年の時間が必要であった。

結局、章子の悲恋物語は、大学院時代の日記に書かれていたために知りえた究極の個人情報であったが、一九五二年時点ですでに破綻を迎えていた。その数年前の三月に、何かが起こってKの心は章子から離れていた。その後の何年かはその事実を認めながらも、もしかしてよりが戻せるかもしれないというはかない望みを抱いて悩む時期である。その悩みはKの結婚でピークに達する。しかも、K

の結婚が既成事実となった後も、二人の心が通い合った甘い時間の思い出が、折に触れ蘇って章子の心をかき乱し続ける。しかし、時間の経過はありがたいもので、章子自身がKの良さも悪さも客観的に見られるようになり、大学での地位を固めて自信を持つようになって、平常心を取り戻す。そしてKも、親しい研究仲間として再び章子の元に戻ってきたのである。

第7章

豪華な交友録

1．大野晋と京都の休日

章子は、国語学者として五〇年代以降『岩波古語辞典』の編著、また岩波の『日本古典文学大系』の『万葉集』『日本書紀』の校註などに大きな業績を残しただけでなく、鋭い論舌家としても名を残した大野晋《おおのすすむ》（１９１９－２００８）と、かなり親しく付き合っている。論文をよんで啓発されたり、また批判しあいながら、それぞれの学会や研究会の時に、大野が京都へ行き、章子が東京へ行って会うこともたびたびあった。一九五三年二月には、

✣暫く日記を怠った間に様々の事件があった。先週の土曜、即ち一月三十一日には大野氏来り、例によってさまぐの余響を残して帰っていった。（53／2／7）

と記す。大野が一月三一日から数日滞在してあちらこちらで自説を発表し、他人と討論し「さまざまの余響を残して」帰っていった。例によってとあるから、そうした大野の派手な動きは以前から経験ずみであったのだ。帰ったあとも「余響」を楽しんでいるようである。

大野の側のことも触れておかないと不公平になるが、幸いここに、川村二郎の『孤高　国語学者大野晋の生涯』（以下『孤高』）という大野賛歌の評伝がある。ところどころ同書を引きながら大野の側のことも補足していこうと思う。大野はこの前年一九五二年に学習院大学の助教授になっている。

✢大野さんから便り、返事をかく。バカに金田一氏にむきになってゐるからおかしい。（53／6／25）

金田一春彦のことを「バカにむきになって」書いているのがおかしいという。章子は金田一とも交友があった。金田一春彦《きんだいちはるひこ》（1913－2004）は、多くの国語辞典を編纂し、日本語アクセントの研究者としても有名な国語学者であった。

✢金田一様よりの年賀状をうれしく思った。（53／1／4）

✢月の六日にはゆくりなくも金田一さんが京大にこられ、イサハヤさんと京都駅までお送りした。国語学的人間としてはあんな完全な人はあるまいと思ふ。（53／4／8）

年賀状もとおり一遍のものではなかったのであろう。何かいいことが書いてあったのだろう、喜んでいる。京大に来た金田一と直に接触を持った後では「国語学的人間としてはあんな完全な人はあるまい」と手放しの褒め方である。四月に会って完全な人間だと思った人のことだから、大野の手紙で、大野が金田一に競争心を燃やして「むきになって」いることが「おかしい」のである。章子にとっては金田一は文句のつけようのない人物で、その人をとやかくいう大野は、笑えてしまって「おかしい」ことになる。なお、この六月一〇日に大野は岩波から最初の著作『上代仮名遣いの研究　日本書紀を中心として』（以下『上代仮名遣い』）を出している。

一〇月には、大野からの手紙のことが出てくる。

✝大野氏より来信。ルンゲ気にかかる。一年の間に、色々なことがすっかり変って、さびしくなったと思う。（53／10／6）

『孤高』によると、大野は一九四三年東大を卒業したが、徴兵検査では肋膜炎の疑いで「丙種合格」となり徴兵されなかった。翌一九四四年に東大の副手になった直後に肋膜炎の疑いで「伝染病研究所」に入院している。そして、この手紙の年、一九五三年正月、高知で開かれた日教組の大会で、前年に調査した子供の国語の学力調査結果を発表した直後に体調を崩し、その年いっぱい学習院大学の勤めを休むことになった。さらにこの年に『上代仮名遣い』が出たのだが、「大野は肋膜炎の再発で病院にいる時間が長くゲラ刷りの点検もベッドの上ですることが多かった」とも言う。

つまり、ルンゲとは肋膜炎のことであった。大野は自分の病気のことを手紙で、何かもらしたのであろう。「一年の間に、色々なことがすっかり変って」というのは大野が休職していていろいろ変化が起こったことを言っているのであろうか。「さびしくなったと思う」理由はわからないが、かなりプライベートなことも書き合う関係だったことが窺われる。同じ月の月末にも大野から手紙が来ている。

✝大野氏より来信。親しげな便り。（53／10／29）

手紙を書く方も読む方も、互いに相手に好意を寄せていることは想像できる。その翌日の日記には章子が何度も「さびしい」と言いながら自己の淋しさを綿々とつづっているが、そこにも大野が登場する。

✣朝は霧深く、やがて空は晴れてゆく。

ツバメで宮地氏等を送る。敦子嬢グリーンのワンピースで中々きれいにみえた。何といってもしあはせさうで、私も気持よかった。まじりけなく。午後講義。すぐくたびれていやになる。何といっても結婚しようとするやうな人を送った故か、何となし涙腺がゆるんだやうでいつともなしにしょっちゅうさびしい気持が胸をおしつける。あゝ、ほんたうにさびしい。大野氏ほどの学問へのタレントがゆるされゝばそれにうちこんで自己の価値を知ることも出来よう。でも、私位の能力では、学問とどういふ結合が出来るといふのだらう。仕事の能力が恵まれるか、愛がめぐまれるか、どちらもないとしたら、私はしょっちゅう涙をこぼしながら、そこ〳〵のさびしい仕事しか出来ないことになる。これが私のいのちであれば仕方がないとしても、誰が私の生きてゐることをのぞむといふのだらうか? 生れたが故には愛されてゐても、生れない前から私を愛した人は果してあるのだらうか。(略) ほんとにさびしい。(53/10/30)

婚約中の宮地裕と敦子が東京へ行くのを見送って、その幸せそうな様子に引き換え、自分には現在そのような相手がいない。このふたりのような愛に包まれた自分ではないことが淋しい。そして自分の将来を考えて、「仕事の能力が恵まれるか、愛がめぐまれるか」そのどちらもなければどうするか、と古風な二分法とそのどちらにも相当しないときを想定して嘆いている。この能力の面で「大野氏ほどの学問へのタレントがゆるされゝば」と、大野が引き合いに出される。このころ、大野は『上代仮名遣い』という大著を刊行し、日本語の起源について精力的に研究を展開中で、まさに、多彩なタレントが開花中であった。それと比べて「私位の能力」では学問に打ち込む価値があるのか、という自信のなさをどうしても捨て切れない。

さらに、二分法の一つの愛にも恵まれていない。となれば「さびしい」かぎりである。友人が幸せそうに旅立って行ったのを見送った後だけに嘆きは深かった。

論文に「甚だ興味あり」

それからちょうど一年後に、東京で開かれた国語学会で大野と会っている。一九五四年一〇月の日記には、東京滞在中から松本まで足を伸ばして京都に戻るまでの一〇月八日から一三日までのことが記されている。

✢ひる、学士会館にて服部四郎博士、大野氏、浜田氏と食事。上品なゼントルマン。夜懇談会。私エンゼツする。(54／10／10)

上品なゼントルマン服部四郎博士と、大野、浜田敦と昼食を共にし、夜は「エンゼツ」もしている。服部《はっとり》四郎《しろう》（1908–1999）は言語学の重鎮で、とくに著書『音声学』で有名。浜田は、章子が京大の大学院にいた頃の先輩で研究会などで一緒に活動していた。この時章子は三〇歳。学界の重鎮や気鋭の論客と食事しながら「エンゼツする」とは、章子もなかなかのものである。演説のテーマは何だったのか、心底知りたいところである。

✢午前橋本家訪問。論談抄見る。午後大野家。夜フーちゃんと銀ブラ。（54／10／11）

大野家を訪問したらしい。まず、橋本家であるが、大野が東大で最後の弟子となった、そして大野が学問上最も尊敬する恩師橋本進吉の本郷の旧居であろうか。推測の域を出ないが、章子が抄物の研究をしていることは大野も承知している。その抄物を所蔵している橋本家を大野が案内した、とは考えられないだろうか。そしてその午後は大野の家を訪問している。家まで訪問するほどの親しい関係であった。九日に東京の研究発表会で発表し、一〇日の懇談会では「エンゼツ」し、章子は大活躍である。

このあと中央線で松本にゆき一泊して、岐路の中央西線での山々の風景を楽しみながら一三日の夜、京都に帰着している。そしてもどったあとの想いを次のように記す。

✢去年の私とくらべ、私はつよく、しゃんとし、十分にたのしんできた。井上家のおもしろさ。河

野夫妻のこと。各地の風光のうつくしさ、大野さんがつまらなかったこと。(54／10／13)

一年前の、自分の能力不足と将来への展望を見出せないと悩み、愛する人の不在を嘆いた章子はすっかり立ち直っている。その結果大野のつまらなさも知ってしまったのである。

年が明けて、

✢かへると国語学きている。大野氏の国語文の論文、甚だ興味あり。(55／1／14)

刊行されたばかりの雑誌『国語学』の大野の論文をさっそく読んで「甚だ興味あり」と記す。会ってつまらないと思った人も、論文はやはり刺激的で触発されるものであったのだろう。この大野の論文は「国語史をどのやうに把えるか」と題するもので、雑誌『国語学』一九輯(1954年12月30日発行)に掲載された。

そして、一〇日後には大野に手紙を書いた旨記される。

✢夜大野氏に手紙を書いたきり。少しだらだらしてゐるが、何だかだらっとしたきりでちゞまない。(55／1／24)

日記には、いつも夜に、翌日の下調べと論文よみ、依頼原稿の執筆などをし、手紙を書くことが記されるが、この夜は手紙を書いただけで、そのほかのことはしなかった。おそらく大野の論文をよんでその意見や感想や質問などを、この夜はだらだらと書いたのであろう。章子も言うとおり章子の文章はだらだらが多い、これは母しづにも言われている。

母は私の文章をよく批判した。（略）その批判とは、「だらだらしている」ということである。集中性がないとか、きめが粗いとかの批判も受けた。長じて私が大人になり、活字にすることが多くなっても、まだそのように言いつづけていた。（『永遠の』160頁）

論争後に和泉式部日記

八月には大野が京都を訪れている。夏休み中のことで、学会や研究会のためではないらしい。

✢二十四日大野氏急に来訪、昨日夜行でかへる。さすがに気づかれや何かが多く、日記も夜がおそくなってサボってしまった。

きのふの遠藤先生との会談は期せずしてうまくいって大へんよかった。文字通りのお膳立て。大野さんにも勿論、国語学も何だか魅力がなくなってサバ〳〵した感じ。（55／8／28）

二四日から二七日まで滞在して、夜行で帰っていった。先の宮地と敦子は「ツバメ」で東京へ出かけているが当時の東海道線で一番早いのは特急「ツバメ」で約六時間かかった。東京—京都間の往復には夜行急行も使われた。夜九時ごろに乗れば朝の六時ごろには東京に着いていた。大野はその夜行で帰ったのである。四日間いて、京大の国語学教室主任教授であった遠藤義基に大野を引き合わせたり、「気づかれな」ことをいろいろした揚句に「大野さんにも勿論、国語学も何だか魅力がなくなってサバサバした感じ」というのはどういう心境の変化であろうか。国語学にも大野にも魅力がなくなったのはなぜだろうか。

この二か月後の一〇月末には京都で学会が開かれ、大野も参加している。

✢夜 大野氏よりデンワ。（55／10／29）

✢学会。にぎやかに。諸氏さまぐ〵の活躍。大野氏やけにくっつく。（55／10／30）

✢夜 大野氏と映画、あしながをじさん。（55／10／31）

✢午後、大野、小山氏来訪。三時半家を出、私は大野氏と共に宮地氏宅訪問。すきやき会。（55／11／1）

✢朝大野氏より数度のデンワあり、それでおしまひ。

今日はどうも私の気分破調。夕方のさみしさといったらなかった。草を取りはいていると何かが身にしみてたまらない気分のバカに情調的な。（55／11／2）

✢ゆっくりと明日の下調。大野氏との論争のあとの故か、身を入れて和泉などやる。おかしいやう。大野さんのことは何とも思はないやうになって別れゝば別れたきりのつもりだったが、あゝけんかしてすごしたあとはやはり多少ひっかきまはされて かるいつかれを残す。（55／11／3）

実に六日間連続で大野のことが記される。大野と章子が並んで「あしながおじさん」の映画を見ている図はなんともほほえましい。なぜこの映画を選んだのだろうか。どちらから言い出したのだろうか。興味は尽きない。この映画は大金持ちのアメリカ男（フレッド・アステア）がフランスでふと見かけた孤児（レスリー・キャロン）をひそかに援助しているうちに恋に陥るという、長い脚のアステアのダンスが売り物の明るく楽しいミュージカル映画。どうにもこの論争好きな二人がみる映画としてはミスマッチな感が否めない。

章子は第五章で見たとおり、毎週のように映画を見て、そのつど辛口の批評を日記に書いている。このころ見た映画には、八月「遠い雲」、九月「旅情」、一一月「緑の魔境」、一二月「エデンの東」などがある。これらの映画はどれも章子らしい選択と思われるが、大野とのデイトの映画が「足ながおじさん」とはやはりどこかおかしい。

その後たびたびの電話も適当にあしらってはいるが、その後ではやはり寂しくなる。論争した後では言い負かされた悔しさにうちかつために「身を入れて和泉などやる」という。和泉式部日記の下調べを入念にして、悔しさを紛らわせるというのである。そのことはわれながら「おかしいやう」とよくわかってもいる。

「大野さんのことは何とも思はないやうになって別れゝば別れたきりのつもりだったが、あゝけんかしてすごしたあとはやはり多少ひっかきまはされて　かるいつかれを残す」と、別れたきりのつもりが、そうはいかなくて「かるいつかれを残」していると何とも章子らしくない歯切れの悪さである。

このころの大野はどんな日々だったか。『孤高』では、五五年五月の『広辞苑』刊行直前まで同辞書に追加する基礎語の執筆に集中していた。その後は岩波の『日本古典文学大系』の『万葉集』の校註というまた大きな仕事にとりかかるのが五六年春。ちょうど大きな二つの仕事の間の時期の京都行きだった。『孤高』の作者川村は大野が猛烈に忙しいときは「月月火水木金金」の日で、出版社の準備した仕事場に泊まり込みで仕事をし、共同者と激しく議論し合ったと言っているが、京都では何度も章子に電話をかけるなど京都の休日を楽しんでいたのかもしれない。

月の裏側の素顔

✣七時起床、すぐ京都へゆく。ベンちゃん。一旦帰宅、朝食後、ダベる。大野さんの月並かつわびしい話。バカだな、ほんとに。(56／2／5)

女専時代の友人ベンちゃんが東京からやってきたので、朝京都駅へ迎えに行き、帰って朝食を取りながらおしゃべり。その中で大野の「月並かつわびしい話」がでた。どんなわびしい話が出たのか想像できる糸口はない。

川村によると、「大野はこの時期、家庭に大きな悩みを抱えていた。結婚して娘を一人もうけていたが妻との間がうまくゆかず、結婚生活が破綻しかけていたのである」とあり、「『萬葉集』のゲラ刷りが出始めるころ、大野は妻子を残して馬込の家を出、都下の東久留米の一軒家で両親と暮らすようになっていた」と大野の家庭生活には大きな変化が起こっていた。そのことと「月並かつわびしい話」と関係があるかどうか。またそういう時期だったからこそ、大野が京都で「大野氏やけにくっつ」（55／10／30）いたり、何度も電話をかけてきていたのかと、勘ぐったりもするが、その大野は、川村の描く「鬼のような先生」「抜身の刀」「快刀乱麻を断つ」という修飾語句を冠せられる人物とはまるで違う。まさに月の裏側を見るような思いがする。京都では月の裏側の大野が章子とあしながおじさんを見ていたのである。

その後しばらく大野の名前は日記から遠ざかるが、五六年の八月には大野から来信。

✢西京へゆき月給を取ってくる。（略）帰ると、大野氏より来信　何となしケロリとしているではないか。そして私の論文の悪口、でも私も何だかケロリン。でも少しはイキッたらしくて、今日は随分漢書抄よんだ。（56／8／16）

この「イキッたらしい」、方言専門の大辞典『日本方言大辞典』（小学館）にも出ていない。京都方言らしいが京都の人二、三人にきいても知らないという。方言「意気る」の過去形なら「いきがった」という意味だが、近世語の「熱る」なら「怒った」の意味。どちらだろうか。

✢学会無事終わる、ややこしかったけれど、まづ盛況に終ってうれしかった。中村氏もよかった。勿論ハットリ大先生の優雅なスタイルは内容とまつちしてとてもすてきなり。夕ゴハン、まづい

がはずんだ話もいゝ。大野氏からは真相きゝもらす。(56／11／3)

✢めったやたらに忙しくすごす。午前中は来週の金曜、土曜の準備に何かと忙しく、あたふたと午後は所々方々にかけまはり、夕方大野氏と落合い、夕食。タカラブネは大失敗。ブラぐ歩き八時すぎまで話す。例の件出でず。(56／11／8)

このあたり月並みな推理を働かせるといろいろなストーリーが展開できそうだ。「ケロリ」は、妻との破綻を言った後に、もう平静に戻ったから、出てくる副詞だ、だから、章子はそのことを知っていたという説、いやいや、「真相聞きもらす」「例の件出でず」と言っているから、章子はうすうす知っているが本当のことは知らない、知りたがっているという説、どちらにもとれる。下種の勘繰りはやめよう。

✢今日、初めて下鴨へ。(略)

大野氏より〝日本語の起源〟送ってくる。住所……学校である!? (57／9／19)

✢国語学的な一日。夜の研究会は万葉(大野氏の)だった。色んなことしゃべった。大野氏の事ばっかり考えてゐるな、このごろ! (57／9／20)

大野が最近出した本を送ってくれた。しかしその送り先は自宅ではなく大学あてであった。そのことに章子は「!?」と記号をつけている。大野が心理的な距離を遠くとったと知ったのだ。翌日も研究会で大野の校註した『万葉集』が取り上げられ、章子はいろいろしゃべる。そして、やはり大野のことが気になって仕方がない。

その後また半年のブランクがあって大野から葉書が来る。

✢大野さんからハガキ。まるで路傍の人といふていたらく。（58／3／23）

もう、大野は路傍の人だ、私とは関係がない。ここでやっとモヤモヤが吹っ切れた。

2．井伏鱒二とタグマッチ

猛烈な読者家でもあった章子は井伏鱒二の作品をよく読んでいる。三〇代に入ったばかりの女性と、枯れた趣で、洒脱な雰囲気の作風の井伏との取り合わせは意外な感もある。しかし、この大作家と章子は、単に文学の愛読者と作家の関係を超えた、もっと緊密な関係で結ばれていた。中世語の研究者に、作品の中の人物にできるだけ自然な中世語を使わせたいと願う作者が教えを乞うという、言語研究者と言語表現者の間の率直で真摯な縁であった。章子の日記には次のように書かれる。

✢井伏氏より返信。感じのいい人。（53／6／25）

✢井伏氏への返事になやまされた。（53／8／30）

✢図書に井伏氏の一文出づ。やれ〱。（53／10／15）

返信というからには、その前に章子が手紙を書いているはずである。章子の手紙に対する井伏の返事が感じがよかったのである。では最初に章子が手紙を書いたのか。いや、当時のことを書いた井伏の随筆などを見てみると、そうではなく、井伏が章子に尋ねたのが発端らしい。井伏はこの年七月四日から「かるさん屋敷」という信長時代を題材にした小説を毎日新聞に連載し始めている。連載が始まる少し前に、この小説の登場人物の話すことばについて「作中人物の用語」（以下「作中人物」）という随筆を雑誌『新潮』七月号に書いている。

信長の家来の、そのまた家来ぐらゐな老僕のことを書かうと思つてゐる。（略）
この老僕は足軽ぐらゐな身分だから、言葉づかひも当時の一般人と大して違はない筈である。だが、信長の前に出たときなどには、どんな言葉づかひをするか、用事を云ひつけられたときにはどんな返事をするか、その推定に私は手こずつた。もう古風な言葉でなく現代語に近い言葉づかひに書かなくてはなるまいが、ほんのちよつとぐらゐ当時の言葉づかひの概念を得ておく必要があらうと思つたので、或る博識の人に適当な辞書の名前を教へてくれと手紙で頼んだ。その返事に、日葡辞書といふのがいいだらうと書いてあつた。さつそく私は日葡辞典を神田の古本屋に注文した。日葡辞典はないが、それを改訂した日仏字典ならあるといふことであつた。しかし、現代語から古語を引くやうにしてあるのではない。それで重ねて手紙を出すと、伴天連の編纂した

懺悔録《ざんげ》か狂言集がいいだらうといふ返事が来た。（「作中人物」『井伏鱒二全集第六巻』339頁）

井伏は早速懺悔録と狂言の言葉を調べる。しかし、井伏は懺悔録の「買ひまらしてござる」、狂言の「念なう早かった」「畏まってござる」のような言葉遣いはしたくない。それで次のように書き進める。

私の書きあぐねている老僕が、大将軍の信長に直々に面会したと仮定する。信長にどんな言葉遣いをさしたらいいだらう。（略）ふと思ひついて宗湛日記を読んでみた。この本には秀吉の云つた言葉を会話体で書いてある。おそらく統治権を手にしてからの秀吉は、亡くなつた先輩信長の言葉づかひを真似たことだらう。

と、秀吉が宗湛に言った言葉の例をいくつか挙げている。その一つとして、

「博多の者に、花を入れさせうぞ。入れずは、筑紫には、やるまいぞ」と云つた。花を活けて見せないと、お茶をのませぬと云ふのである。

と参考になりそうな言葉遣いを引用した。

ここで「博識な人」とのやりとりと『新潮』に書いた事実を順を追ってまとめてみる。

①信長時代の老僕の言葉を知りたいと思い、「博識の人」に適当な辞書の名前を聞いた。

②「博識の人」は日葡辞典がいいと返事をした。
③日葡辞典はなく日仏辞典があったが、それでは現代語から昔の言葉を引くことはできないため、再度手紙を出した。
④伴天連の懺悔録か狂言がいいと返事が来た。
⑤懺悔集の抜粋など見たり、狂言も見たがそのことばは使いたくなかった。宗湛日記を思いついて秀吉の言葉を書きぬいて『新潮』に載せた。

作中人物の言葉でやり取り

この引用文の書き取りに対して章子がクレームをつけたことが、次の随筆でわかる。三か月後に井伏が雑誌『図書』一〇月号に書いたものである。

ここでは、章子に辞書の情報を求めたのは、秀吉の言葉の書き取りミスの後ということになる。

本を読むための辞書はたくさんあるのに文章を書くための辞書は割合少ないやうである。ことにマゲモノを書くときに必要な辞書が見つからなくて弱つてゐる。（略）

今度のマゲモノに取りかかる前に主要人物の言葉づかひを調べてみた。織田信長を主要人物に扱ふので、信長の手紙文を調べると三つ四つ断簡が参考書に出てゐるだけで役に立たなかつた。それで信長の言葉づかひを真似たであらうと思はれる太閤秀吉の言葉づかひを宗湛日記で見た。これが参考になると思つたので、自分に印象ふかくしておく目的で、その言葉を引用して雑誌新潮に雑文を書いた。ところが秀吉の云つた言葉を書取るのに私の手落ちがあつた。私は知らないでそれを書いてしまつたが、私のその雑文に対して、言葉づかひの研究家寿岳章子さんから間違ひを指摘した手紙を頂いた。秀吉が宗湛に対して、お前、花を活けなければお茶をのませないぞと冗談を云ふ。その言葉を宗湛日記には「入れずはお茶をやるまいぞ」と書いてゐる。それを私は現代風に「入れずばお茶をやるまいぞ」と抜書きした。寿岳さんの指摘によると「入れずば」は間違いで、「入れずは」でなくてはいけないさうである。「は」は「ｗａ」であって「ば」ではない。「知らずは」「悲しくは」であつて「知らずば」「悲しくば」ではない。当時の辞書によつてそれがわかるといふ寿岳さんの手紙であつた。

私としては大変に助かる手紙である。さつそく礼状を出して辞書の名前を教はつた。神田で買つて来た。しかしこの辞書は昔の言葉で引いてフランス語の解釈で見るやうに編纂されてゐる。それで先きに云つたやうに、現代語で引いて昔の言葉を見つける辞書を知らしてくださいと手紙を出したところ、短歌用のものやそのほか三つ四つの辞書があるが、私の希望してゐるやうな辞書は無いだらうといふ返事であつた。どうも致しかたない。せめて日常の挨拶語だけでも知つておきたいので、またもや手紙でおたづねした。「お早う御座います」「こんにちは」「こんばんは」「おやすみなさい」「起きろ」「よいお天気ですね」などについて問ひあはせた。寿岳さんの返事には――これらの挨拶言葉にはほとほと困却した。こんな日常の言葉は誰も書きのこしていない。だから標準がないわけで、自由な創作をするよりほかないと思ふ。「さよなら」が「さらば」であつたことは確かだが。

（「辞書の不便」『井伏鱒二全集第十六巻』６１０－６１１頁）

のような返事がきたという。手紙のやり取りの順序を整理すると、

①井伏がマゲモノの人物の言葉を調べて、宗湛日記を思いつき、秀吉の言葉遣いが参考になると思った。その言葉を引用して雑誌「新潮」に書いた。

②章子がその書き取りのミスに気づいた。当時の辞書にあるとして井伏に手紙を書いた。

③井伏は辞書の名前を教えてほしいと手紙を書いた。

④章子は教えた。

⑤井伏は日仏辞典を買ったが、求めるものが得られず、現代語から引ける辞書の紹介を求めた。

⑥章子はそれに合う辞書はないと答えた。

⑦井伏はせめて日常の挨拶語をしりたいと聞いた。

⑧章子は「さようなら」が「さらば」であることは分かったが、それ以外は答えられなかった。

頻繁なやり取りがあったことは確かめられたが、「作中人物」のと「辞書の不便」とではその経過に少しずれがある。「作中人物」では発端は井伏が辞書を聞いたことだが、「辞書の不便」では章子がミスを指摘したことが始まりとされる。両方を書いている井伏の記憶に委ねるしかない。

「さらばさらば」

そのころのことを章子も後年書いている。章子の言い分を見てみよう。後の『暮らしのことばと心』

の「毎日の〝あいさつ〟」（24－30頁）を引用してみる。

私の好きな作家の一人は、井伏鱒二さんである。読んでいると何ともいえず心がほぐれ、よくは分らぬが「滋味」などということばは、この人のためにあるのであろうかなどと思ってしまう。（略）その井伏さんの作品の一つに「かるさん屋敷」というのがある。今から十五年ほども前の作品だったろうか。

「かるさん屋敷」は安土桃山時代、信長やキリシタン宣教師をめぐる小説である。私は自分の研究分野がこの時代の日本語であるため、なおいっそうこの小説が好きであった。それまでにふとしたことから、井伏さんと手紙のやりとりをするようになっていたこともあって、時々、その頃のことばについての質問をいただいた。井伏さんの文章は人も知るように、現代の日本語が作り出せるもっとも気品高く密度の細かい性格のものである。だから一語一語に心が払われ、おろそかに書きとばすというようなことは全くない。安土桃山時代のことがらを書くとあれば、会話などにも可能なかぎり当時の雰囲気をもりあげるため、かなりリアルにその頃そのままの用語を使われる。そこで私に時たま質問をなすったのである。

ある時のおたずねは、次のようなことがらであった。「当時の人は、たとえば別れる時にどういったのであろうか。」（略）

私は調べにかかった。簡単にわかりそうだと思った。ところがことはそう簡単でなかった。講談本ではあるまいし、当時のことばをしるしたような資料は、室町時代から江戸時代にかけてたいへん多いのに、別れのことばまで詳細に記したようなものはついぞ見当らない。私は大分あせって、最後に次のような手段をとった。

当時キリシタンの人びとは、日本語の勉強のためにたくさんの辞書を作っていた。日本語とポルトガル語、日本語とスペイン語、あるいはラテン語と日本語等の間を結びつける辞書があって、その頃の人びとに役立ちもし、また、現在の研究者にもありがたい資料となっている。私はまず、現在の英羅辞典を使って、英語のグッドバイはラテン語で何というかを調べ、次にそのラテン語をキリシタン時代の羅日辞典でひいてみた。みだしとしては出てくる。やれうれしや、ではそのサヨナラという意味のラテン語は、当時の日本語では何というか。なぞときのような胸のときめき。しかし、結果は何となくしょい投げをくらったようなことになった。お答え、「さらばさらば」！

このエッセイは実際には一九七〇年一月号の『暮らしの設計』という雑誌に載ったものだが、「かるさん屋敷」と井伏とのやり取りについては、一五年ぐらい前と言っているので、日記の時期のことを言っているのは間違いない。

井伏は一九五三年七月から一一月にかけて、『毎日新聞』に「かるさん屋敷」を連載している。ここでは「ふとしたことから、井伏さんと手紙のやりとりをするようになっていたこともあって、時々、その頃のことばについての質問をいただいた」と書かれている。ことばの質問の前から手紙のやりとりをしていたようである。井伏が章子に「当時の人は、たとえば別れる時にどういったのであろうか」

と尋ねてきたらしい。そこで、室町時代の文献で口語の「さようなら」に相当することばを探したが見つからなくてあせった末に思いついたのが、キリシタン宣教師たちが編んだ外国語辞書類だった。まず、英羅辞典で「goodbye」のラテン語を調べる、次いでそのラテン語を日本語でどういうかを羅日辞典で調べる、こうして「さらばさらば」にたどり着いた。ラテン語を思いつくのは中世の日本語研究者だからこそ。やれやれと思いながら「さらばさらば」を返事したのだろう。
実際に「かるさん屋敷」を読んでみると、信長のことばの中で使われている。

「これこれ、見送る要、さらにないぞ。さらば――」

(「かるさん屋敷」『井伏鱒二全集第十六巻』457頁)

中世の書き言葉の難しい語はどんなによく知っている専門家でも日常の挨拶語など文献に出てこないかぎりわからない。章子もかなり苦労したようで、井伏への返事にも「ほとほと困却した」と書き、日記にも「井伏氏への返事になやまされた」(53/8/30)と書くことになる。そしてその顛末を書いた井伏の雑誌『図書』の随筆を読んで「図書に井伏氏の一文出づ。やれ〳〵」。(53/10/15)と書く。「やれやれ」は一件落着の安どのため息か、井伏の難題に応えきれなかった不如意さの吐息であったか。その後も井伏との手紙のやりとりは続いている。
大学講師になったばかりの若い女性研究者を「博識の人」と呼び、すでに五〇代半ばの著名な作家が、自己の小説に書く会話のことばについて質問している。尋ねられた方は専門知識をフル回転させて答えている。研究と創作が正面からぶつかってタグマッチを組んでいるのを見るのは楽しい。

✢井伏選集読了、気持よし。されど思ふことも又多し。(54／1／18)

✢井伏氏東京新聞の随筆面白い。上手な笑ひ。好ましい。(54／2／11)

✢井伏鱒二氏の生活と意見たのしくよむ。(54／7／8)

✢井伏オジチャマのなかまどもらふ。疑似閑談ある故なり。うれしくなつかしい気持。(55／2／13)

✢井伏の白鳥の大そう面白かった。日常生活のしっかりした組み立て、といふやうなものの味はい。(56／2／13)

二月一一日の日記の東京新聞の随筆というのは「疑似閑談」と題するもので、「かるさん屋敷」とそのことばについて井伏は書いている。

講義試験にも活用

「疑似閑談」には、「かるさん屋敷」の連載を始めたものの、読者から「面白くないと云つて頻りに投書が来る」(50頁)、「こんなに非難されようとは知らなかった」(51頁)というほど非難が多くて途中で連載を打ち切らざるを得なくなったことと、その後のことが書かれている。

中途半端ながら百三十五回で終りにした。すると数日たって、京都の某氏から手紙が来た。この某氏は、中世語に関する専門家で某大学の講師である。私は去年の春ごろから文通でこの専門家に中世語の教へを受けてゐた。たとへば「こんにちは、いいお天気ですね」といふ言葉を中世語で書く必要が生じると、その専門家に手紙を出す。すると早速その人から「その場合は、なんぼうにも和やかな日和で御座る、とお書きなさい」と返事が来る。しかし終始一貫いちいち必要な会話を問ひただすわけではない。たいていは自分で参考書を調べて書いた。その某氏から来た手紙には、私の中途半端で出した連載物に対する慰安の文章が記されてゐた。なほ追伸に、「大変勝手ながら、私の教へてゐます大学で試験問題に御作を利用させていただきました。御笑ひ草までにお目にかけます——」としてガリ版ずりの「国語学講義試験」と題する試験問題が同封されてゐた。次のやうなものである。

前がきと「もんだい」(一)(二)(三)は略すとして、「もんだい」(四)に「次の文章を正確な中世語に改め、その上でそれをポルトガルつづりでローマナイズして下さい」と書き、左の如く私の連載小説から会話を抜き書きしてあった。

「畏れながら上様、ミステリオ狂言の人役のうち、いま一つ肝心なが御座います。(盗賊の役)これの役を引受ける学生の申出が、残念ながらいまだに御座いませぬ。」「やい、治郎作、汝に申しつける。汝が盗賊の役柄を手がけるのぢや。」—以上。

この箇所は中世語でなくて私の郷土地方の言葉に近い。選りに選ってまた出来の悪い部分を抜き取ってある。(二十九年二月七日)

(「疑似閑談」『井伏鱒二全集第十七巻』51–52頁)

ここで、章子の手紙には、ただ相手の執筆に対する質問への回答や連載中止の慰労にとどまらず、自身の大学での講義や試験に井伏の小説のことばを活用していることを知らせる「追伸」も含まれていたことを知る。章子は、井伏の質問に必死で答えていた半面で、その結果を自分が講義していた「イソポ物語」の試験でちゃっかり活用していた。井伏の嘆きはともかくとして、学部の中世語の講義の試験としてはかなり難しい問題ではなかっただろうか。章子という人は、融通の利く人だけでなく、手元にあるものを活かし試験問題にまで使うという資源活用のうまい人だった。そして、それをわざわざ井伏に知らせるところが章子である。

章子は、また、井伏の作品「吹越の城」を取り上げてその文章の分析を行い、井伏の文体論としてまとめている。

✢夜、井伏論に入らうと、波多野氏のものなど少し読む。（55／1／8）
✢夜、井伏論些か。（55／1／10）
✢一日井伏の文節数数へですごした。頭が痛い。（55／1／11）
✢夜は井伏の文節グラフを作る。うれしいみたいな仕事。（55／1／17）

文節を数えたりグラフを作ったりして、数量的に見て井伏論を書こうとしている。同僚の国語学者樺島忠夫が提唱したMVR＝（形容詞＋形容動詞＋副詞＋連体詞の数）／（動詞の数）×一〇〇＝の数値を一つの尺度として分析している。形容詞など修飾する語が多いとMVRが大きくなり、名詞・動詞が多いとMVRは小さくなる。MVRの大きい文章は、ありさまや様子をよく描写し、MVRの小さい文章は、事実や動きをよく描写している傾向がある、とする考え方である。

このMVRを出すためには文章を文節で切り、品詞ごとの出現数をださなければならない。おそらく一九六五年に樺島との共著で刊行した『文体の科学』の第七章の「井伏鱒二　吹越の城」は、この日記の時の論文を収めたものと思われるが、そこで章子は、「吹越の城」の中からいくつかの文章を例として挙げて、

地理や歴史の書物のような記述である。何がどうした、何が何だ、が叙述の中心となっており、時には科学的な記述を読むようである。（略）統計的に観察すると、彼の作品は、大きな名詞比率をもつ方である。またMVRの値は小さい方である（巻末の表参照）。すなわち、名詞によって事件の骨組みを描き、どんな、どんなにを表わす形容詞、副詞などよりは、動きを表わす動詞の方に重点をおいた文章である。（153－154頁）

と数量的分析によって、井伏の作品の特徴を印象批評としてではなく、使われている語彙の動詞や名詞の数量的な実際から客観的にその文体を捉えようとしている。つまり井伏の文体はどんなになどの状況描写より事実や動きをよく描写している文章だというのである。

その外にも章子は、井伏の作品をよく読んでいて、「井伏氏お島存念書、実にうまいと思つた」（54／6／15）、「井伏の白鳥のうた大そう面白かった。日常生活のしっかりした組立て、といふやうなものの味はいい」（56／2／13）など日記に記している。井伏は本を出版するとすぐ章子に送り、章子も忙しくてもすぐ礼状を書き、と、親しい交わりが続いていた。

第8章

女たちと平和のために

1．シスターフッドで導いた「婦人問題研究会」

大学教師時代、研究領域を広げ社会活動も盛んにおこない、多忙を極める中で、さらに章子が多くの力を注いだのが「婦人問題研究会」であった。この会の始まりと経過について章子はその会報『婦人問題研究』最終号の第八一号に「運のつきの婦問研」と題して書いている。同じ京都向日市にすんでいた中世史専門の脇田晴子《わきたはるこ》（1934－2016 中世史研究家、文化勲章受章）がもちかけてきた。「婦人問題の研究会やろうと晴子さんが言う。何事もおっちょこちょいの私は尻馬に乗ってイヤ、やらなあかん、ええわええわと言う」ということで、研究会が始まった。脇田の誘いが運のつきだったと言う。西川祐子《にしかわゆうこ》（1937－2024）、筧久美子《かけいくみこ》（1932－）、荒井とみよ（1939－）らも加わった。各例会は一人の問題提起者が、その時興味をもっている話題、あるいは研究中のテーマについて話す。それを中心にして、参加者がそれぞれの意見や疑問を出し合い討論する、という形で行われた。会の名称について、それを決めた時の章子のことばを西川はよく記憶している。

「最初の集まりの時、婦人問題研究会という研究会にしましょう、と寿岳さんが言われた。（略）婦人問題じゃなくて、女性問題研究会のほうが語感がぴったりとくるんですけど、と私は言ったのね。そしたら、寿岳さんがぱっと姿勢を直して、座り直すっていう感じで、「婦人っていう言葉には、戦前からの婦人運動の、言ったら長い長い闘いの思いがある。だから、婦人は替えたくありません」って言われて。よく覚えてます」（「追悼　清水好子・寿岳章子氏を偲ぶ　座談会」『女性史学』第16号60頁、以下

「座談会」）。章子の妥協を許さないことば観が如実に示されている。

提起された話題・テーマは、第一回例会「家事労働の社会化の問題（筧久美子）」、第一七回「離婚法と女性（笹野貞子）」、第一六三回「戦争と看護（亀山美知子）」、第一七四回「古代の食べ物（門脇禎二）」（「『婦人問題研究』総目次」『女性史学』第16号 105－122頁）など、実に多岐にわたるものであった。　章子もこの会で第二〇回「ある農村婦人の歩みから学ぶ（松本幸子と）」、第四五回「みにくい女」、第七六回「夫婦げんかの世界」、第一六一回「近ごろ女性差別語二つの場合」などたびたび問題提起者になっている。

初めの二年間は脇田の勤務する橘女子大学が事務局になっていたが、上記「運のつきの婦問研」によると、「拠点の女子大側に諸種の変化があり」自分の属する京都府大に事務局を「オトコギならぬオンナギでおひきうけ」することになった、という。問題提起者の依頼、会の計画、当日の記録、それを整理して会報の発行と、すべての事務処理が章子のもとに集中した。事務局担当者として近所に住む草川八重子《くさかわやえこ》（1934－）に頼み、研究室に週三回足を運んでもらった。脇田によると「大盛況で最初五百～六百人来たんですよ。次の会は一割ぐらいに減っていて、あとでは更に減って十五～十六人になった」「府立大に行ってからは、だんだん人が減っていって（略）相当財政難だった。だから寿岳さんのポケットマネーでもっていたところが多いと思うんですよ」（「座談会」60－61頁）という状態に陥っていた。

この研究会について、西川祐子は「私にとって物を読む時の基本みたいなものをいくつか教えられました。そこからやっぱりこれは女性史研究会なんだなっていう感じが、強くあったと思います。で、その後は、もう研究会は私にとっては浪人時代の数少ない研究空間だった」（「座談会」63頁）、と言い、脇田も「東京の人たちにね、こういう学際的な状況をうらやましがられたんですよ。例えばね、東京は人数が多いからね。中世いうたって、四十〜五十人集まっちゃう。（略）清水さんは国文学、寿岳さんは国語学、そこへフランス文学、漢文学、私は歴史でしょう。こんなこと、あんまり他ではないんよね」（同）と学際的な研究会だったことを誇っている。

西川はその頃の章子について、「寿岳さんの好奇心たるや、もうなんて言うか、どの話題にも食いつく。もう一つ言えば向日性って言うのかな、明るさみたいなものがあった。（略）ああ研究者として生き延びる、成長することができる素質の人っていうのは、やっぱり寿岳さんを見たらわかる。あの向日性でどれだけの人を励ましただろうかな、と思う」（同69−70頁）と語っている。

『婦人問題研究』の最終号に寛は、「耳学問の宝庫だった」と記し、「ホントにたくさんのことを学んだなぁというのが大きな実感であった。いろんな個性の持ち主に出会えてトクしたなぁ、みんなにいろいろ知らんことをたくさん教えてもろたなぁ、毎月のこれがのうなったら淋しいなぁ」と思ったと書き、その「寛先生に勧められて」研究会に参加するようになったNHKのリポーターの吉田梢は同誌に「月並みな感想になるけれど、婦問研のお蔭で巾広い人間関係が得られ、沢山の違った分野の方々のお話しが聞けた事は、『どう生きるか』という事を考えてゆく上で私にとって大いに参考になった。」（「婦問研と私」11頁）と書いている。

女性研究者の給油所

西川はその後樋口一葉・高群逸枝・岸田俊子らの評伝を著作し、生活史研究という新しい分野を開拓してまとめた『古都占領――生活史からみる京都1945－1952』では京都新聞大賞も受賞している。筧は中国文学者として李白の研究書、一海知義・筧文生と共著で『漢語四方山話』（岩波書店2005）、『漢語いろいろ』（岩波書店2006）など多くの研究業績を残す。有能な事務担当者であった草川もその後文章家として育ち、戦中思想弾圧で獄死した河上肇の妻を描いた『奔馬河上肇の妻』（角川書店1996）、地域医療に献身した台湾人医師蔡東隆を伝える『ある巨木――蔡東隆ものがたり』（かもがわ出版2001）、さらに最近は『黄色いコスモス』（花伝社2023）を世に送っている。

そのほかにもこの研究会で学び鍛えられ力をつけて巣立って行った女性は多い。研究会の呼びかけ人脇田晴子の女性史研究をはじめとする多方面の研究業績は数えきれないほど広く深いが、その影響を受けた一人が現在日本のフェミニズムのリーダー上野千鶴子である。婦問研は、関西の女性研究者の学び舎であると同時に給油所であり、保養所でもあった。

もう一つこの会での章子の業績は、丹波の農村の女性の声を拾い上げたことである。何時間もかけて汽車で出かけて来た女性の一人は、第六二回例会で「ある農村婦人のめざめ」を語った。以下はその要旨である。

京都市から結婚して丹波に行った。婚家へ行って初めて夫の顔を見た、子どもが続いて年子で生まれ、夫は出征。姑には、一言こっちが言うと「町の者は口がテコイさかいかなん（町から来た者は言うことがずぶといからかなわない）」と言われ、産後六日で田植に出た。毎日毎日叱られてばかりで苦しかった。刃物をもっていっそ子供と死のうと思ったけれど、子どもの笑顔をみてやめた。（略）聞いていた女子大学生が「まるで小説のような」とため息をついたほどの暮らしの報告であった

（野村きく「ある農村婦人のめざめ」『婦人問題研究』33号 5頁）

章子の大学定年と同時にこの研究会は閉じられる。章子は先の「運のつき」のエッセイをしめくくる。

会はすばらしい存在だった。十七年間よくもつづいたと思う。さまざまの話題提供者、実に多彩なメンバーだった。身分さまざま、国籍さまざま、仕事さまざま、年齢さまざま、性別は多数女、少々の男性。ゆきあたりばったりの講師獲得が幸いして絶対日本一を誇れるこの種の研究会としての多彩なテーマ追求。それは女文化の基盤の広さたしかさを物語る。（略）多少の残念さもあるが、やったぁという感じで、私は会の歴史をしみじみとふりかえっている。こうなると運のつきはもちろん「尽き」なのだが、私の場合「付き」であったらしい。さまざまの勉強、それにもまして多くの、この会がなければ決して持つことのできなかったすてきな友人たち。多くは私よりずっと年若く生き生きしたすばらしい女人たちである。悪くなかった、と確実に私は思っている。

（「運のつきの婦問研」『婦人問題研究』第81号 9頁）

タイトルで「運のつき」とひらがなで書いた理由が最後で明かされる。やはりことばの研究者の豊富な語彙力と発想の豊かさがここでも発揮され、読むものをニヤリとさせる。章子は終生サービス精神旺盛だった。その精神でたくさんの若い女性をひきつけ育てあげた。

2. 講演活動と女たちへのエンパワメント

「私は口が達者だったので、大学卒業間もなく講演を始めていました」（「私のこと」『女とことば 女は変わったか／日本語は変わったか』11頁）、「京都府立大学に就職したのは一九五一年で、その頃からたびたび各地に話をしに出掛けたものだ」（『京の思い道』23頁）と自ら述べているように、章子は早くも二〇代のころから各地に招かれて講演活動をおこなっていた。

✢本日伊賀上野市で講演？〝女の生き方〟ペチャクチャといふおしゃべり。収入四千円。ゆきの汽車はたのしかった。やうやくさびゆかうとする晩秋の気配、もみじをやっと見ることができた。沖森へゆけてよかった。九時半帰宅。（54／11／21）

✢午後より和歌山へ「市民社会に於ける婦人」というはなしをしに。（55／4／19）

✢ママと二人で終日東洋レーヨン。湖の色。白い翼の鳥。話そのものは何でもないけれどあまりにも礼がちょっぴりである。（56／2／4）

✢うんとアサネしたため、あはてゝ宝塚へコーエンに出かける。三千五百円もらってヨロコビ。（57／2／9）
✢あっちこっちからの講演依頼、すごいすごい。（57／7／18）

ペチャクチャ「おしゃべり」が講演と言えるかどうかと、「講演」と書きながら自ら「？」をつけている。ともあれ、大学の研究室と教室を往復するだけの日常からちょっと離れて、汽車に乗って出かけるだけでもよいリフレッシュだ。ちょうど季節を迎えている紅葉も京都でなく講演先で思いがけなく堪能できてよかったと講演の副産物に満足している。

章子は講演で得た謝礼の額もたいてい記している。「鴨沂《おうき》へ受験のはなしをきいく〵と叫びにゆかねばならなかった。そして二千円もらった」（55／2／21）、「西山学園にゆき、千円で「優雅」の話をする。やれまあ」（57／2／14）など、高校へ大学受験の誘いに行ったりもしていて、一〇〇〇円とか二〇〇〇円の謝礼を得てもいる。当時の講演料の相場がどのくらいだったのか、依頼先の規模や性質、講演する側の年齢や経歴などで、相場があったかどうかさえもわからないが、金額はまさにまちまちであったようだ。

東洋レーヨンの謝礼は、母と一緒に出かけているのによほど少なかったのであろう。この「ちょっぴり」さはなんたることかと嘆いている。こうした、お金に対する不満を読むと、特に金持ちではないにせよ、お金には困らない家庭で親と一緒に暮らし、大学のポストも得て不自由ないはずなのに、なぜ謝礼の額にこだわるのかと、ちょっと疑問もわく。でもその答えは同じ日記の中にすぐみつかる。

五四年ごろから抄物のコレクションにも手を染めていたことがわかるからである。

第三章でも述べたが、一冊が一回のボーナスに相当するような高い抄物も買っている。古書店からいい出物があったと知らせがあったときにすぐ応じられるような蓄えも必要だ。それには講演料などがいちばんいい財源になるはずだった。少しでも高額な謝礼を求めるのは無理もないことだった。

乞われるままに講演活動をしているうちに、評判が評判を呼んで依頼が増えてくる。つい、自分でも「すごいすごい」と驚いている。夏休みには泊りがけで講習会の講師もつとめている。

✣十二時四十分の汽車でススまみれになりながら浜坂着。ついでバスに乗り夕暮の山村を通って湯村温泉着。(57/8/3)

✣湯村役場にゆき九〜十一時話をする。聴衆約百人、今日は海水浴ゆきとやらで集りがわるい由(略)昼食後講演に対する質疑応答あり。バゴセッションを経て分科会議。絶望的ドードーめぐりに至る所で出会ふ。それでも何とかといふねがひ。共同炊事の夕食後、こんどは屡々電灯が消える中でフォークダンスや何やらで十時まで。たうたう泊る事にした。冷い山の空気。(57/8/4)

✣物音で四時前に目が覚めてしまふ。大へんなざわめき。久々のラジオ体操や何やらのあと朝食。どうも食べにくい。その後昨日の報告に入る。それを聞いてゐると、一往の発言力が農村婦人間に出てきた事がよく分り、ほのぼのとした嬉しさを感じた。九時十分前和尚さんをはじめ皆に送られて自動車で浜坂へ。九時二十五分の下りで鳥取へ出る。(略)山深い部落をことりことりぬけて津山に十五時三十六分着。県庁から迎えの人二人、そして又度々のご機嫌伺。ブルジョワジーに一躍なったみたいで昨日から今日の山寺修業のあと面白い。吉井川の涼しさを楽しみつゝのんびりする。

八時過ぎもう横になる。おくたびれの体なり。(57／8／5)

✢十時より講演、感じのよい会場で、聞き手もわりに感じよし。気持ちよく二時間を終へた。臼井氏の終るのを待ち一しょに岡山へ出、そこから県庁の車で児島へ。暮れ方の松山の色美し。夜、ちょっとハリ半式なれどへやももう一つだし、あまり感じよくない。毎日毎日ウナギであきあきした。芸者が来てゐる。

タイ洗い、ウナギカバヤキ、口とり(オオハタマキ?、コブスマキ)サヨリ吸い物、エビフライ(まずし)(57／8／6)

✢十時～はなし。午後ワシウ山見学。臼井氏の話終了とともに車で宇野へ。4・15の瀬戸特二にて帰京。九時半帰宅。(57／8／7)

兵庫県の湯村温泉と岡山県津山市と二か所の講演旅行だったようだ。山陰本線がまだ蒸気機関車の時代だった。初日はススにまみれながら兵庫県の浜坂駅に着き、そこから湯村温泉へ。参加者と合宿のような会だったらしく、寝起きをともにして語り合い、最後に農村婦人の間に発言力が育っていると喜んでいる。

もう一つは、臼井氏とふたり講師の旅だった。お出迎えふたりの外に次々に県庁から「ご機嫌伺」いがくる、下にも置かぬもてなしに、「ブルジョワジーに一躍なったみたい」と呆れたり、戸惑ったり。

前日の「山寺修業」に比して待遇の違いの大きさ。この日は、早朝から起こされ前日の話し合いのまとめをして山を下ってきた。車や汽車で移動し、午後次の講演地に到着、主催者側とのあいさつや接待、若い章子でも疲れて八時には横になる。自身のことを敬語で「おくたびれの体なり」と。くたびれても、ユーモアは忘れない章子！

翌日は午前中は講演、午後の臼井氏の講演を待って岡山へ移動。夜は「あまり感じよくない」ところで接待をうける。連日のウナギには辟易しながらも、出されたもりだくさんの料理も丁寧に記録している。芸者が侍っていたようだが、それに対しては特に感想は述べていない。これほど大げさな接待ぶりからすると、もしかしたら臼井氏というのは当時のはやりの評論家臼井吉見氏ではなかったか。信州安曇野に「臼井吉見文学館」がある。そこに、一九五七年当時の日記とかメモ帳など臼井氏の行動のわかる資料は残されてはいないか、と問いあわせてみたが、それはなかった。また、岡山県庁にも五七年に開かれた講演会の記録などは保存されていないか問い合わせてみたが、そういうことのわかる資料は残されていないと言われた。臼井氏が当時編集長を務めていた筑摩書房にも聞いてみたが、その頃の資料はないとのことであった。

実社会で刺激と発見

横道にそれたが、こうした社会活動について章子はどう考えていたか、後年に書いた一節である。

普通なら私のように研究生活を送ることが生活の中心になるものは、人間関係もせまく、似たものどうし固まってしまう場合が多いと思うが、社会教育方面の仕事に何となく関係させられることが多くなると、思いがけぬところで思いがけない生き方をしているひとにでくわすことばがある。とりわけ私はまずまず温室生活で、ほとんど波瀾万丈などということには縁遠い人間である。だから、もともとあまり社会教育などと大それたことは、できっこないのがあたりまえだ。せいぜい女が学問をする心がまえを説くぐらいが関の山だろうと思う。それを乞われるからといってあつかましくあちこちに出かけてしゃべりまわる自分を、時には大へん奇妙なものに思ってしまう。しかしそうした面映ゆさも忘れるほどの喜びを感じることのあるのもまた、各地へでかけてこそなのである。

(『暮らしのことばと心』１６３頁)

各地に女性のエンパワメントのために出かけることは、ただでさえ忙しい日常をさらに忙しくして、絶えずあわただしく走り回らなければならなくなるのだが、大学にだけいてはわからない広い世界へのいざないでもあった。広い実社会には、名前の研究、ことわざの研究などの研究材料も転がっていたし、それよりも、各地で接する女性たちとの交流から得る刺激と発見は大きかった。

講演に出かけるだけではない。ＮＨＫのラジオにも出演するようになる。

✢ＮＨＫより口かゝる。このごろはよくはやること。(55／10／7)
✢なんとなくごろ〳〵して、午後ＮＨＫ京都にて録音しただけ。(56／4／3)
✢演習をすませＮＨＫにゆく。妙なおしゃべりを吹きこむ。(57／6／3)

✣ＮＨＫで「おしゃべり」の録音。（58／9／13）
✣四時半―五時半ＮＨＫ、高山市長との対談たのまれる。（58／10／3）
✣午後ＮＨＫ十五分対談。女ばかりべちゃくおしゃべりして、四回分お金もらってうれしい。（58／12／24）

「おしゃべり」というのは章子流の謙遜である。単なるおしゃべりだけをＮＨＫが求めてくるはずはない。ことばに対する章子の新鮮な切り口や、女性の生き方についての鋭いコメントが軽妙なおしゃべりの中に込められて評判を得ていたからであろうし、京都市長との対談までこなすには、それだけの社会や市政に対する考え方や見方が評価されていたからであろう。

各地を回った講演について、晩年に振り返って書いている。

私はもう七十歳を迎えようとしている。元気いっぱい、若さにまかせていろんなことをやりつづけたはるかな昔から現在まで、随分多くの講演をこなした。三十六年間の勤務大学である京都府立大学に就職したのは一九五一年で、その頃からたびたび各地に話をしに出かけたものだ。戦争が終って、日本の社会はかなり変った。女性の積極的な生き方が認められ、地域に暮らす人々こそ自治の主人公というような考え方が根を下ろしてゆくにつれ、いろいろな地方に出かけてあれこれの話し合いをすることは多かった。たまたま出かけた時の話し合いが機縁となって、私自身の人生に深い影響を及ぼした農村の暮らしもあった。

こういうわけで決して物見遊山的な意味ではなく、あちこちに出かけることは、私の大学での研究生活と重なるように、ないまぜになってきわめて重要な意味を持つようになった。もちろん全国へ出かけるのだが、とりわけ京都については細かく細かく動いた。府下のあちこちにある小学校も、さまざまの講演会場として全校数の三分の二くらいはお邪魔しているのではなかろうか。

（『京の思い道』23－24頁）

「京都については細かく細かく動いた」というからには、京都市内の学校を初めとして、市内・府内の文化会館や文化センターのようなところはもちろんのこと、各市区町村の公民館、集会所のようなところまで足を伸ばして、平和や、女の生き方、ことばの力などさまざまなテーマを語ったはずである。その明るく洒脱な語り口が、聴衆の心をとらえ、考えさせ、元気づけただろうことは想像に難くない。

「ご主人」でなく「夫さん」

講演ではなくテレビに出演したときのことであるが、章子はおもしろいエピソードも書いている。

某民放の笑福亭仁鶴さんの主宰するある番組にたまたま出演した。（略）その番組はその時、夫や妻の呼称についての話だった。（略）今までの日本女性史から生まれた夫や妻の呼び方には納得できないものがある等々の少し堅苦しい内容ではあったが、なにしろ仁鶴さんがコーディネイトしたおかげで話はなかなかおもしろくなった。仁鶴さん自身はおつれあいを「タカコヒメ」と呼び、そのおつれあいは仁鶴さんを「オカモト！て言いますわ」ということで、事の真偽は別としてとても楽しいひとときを過ごしたのであった。

（『京の思い道』222頁）

さらに、ここで話題になった夫と妻の呼び方については、章子はずいぶん早くからあちらこちらで書いたり話したりしている。こうした折には、自分の母が決して夫を「主人」と呼ばなかったこと、父は妻を「お前」とは呼ばなかったことから、話を始めるのが常であった。その中で、夫を「主人」と呼ばなくなった女性たちの実践例を伝えている。

第四章の農村の話で、ヒンケイのことわざを武器にし「ダマットレ」と言った夫のことを、章子に訴えた女性は「シュジン」と言っていた。村の女性たちも章子が通い始めた頃は「主人が」「主人が」と言っていた。

ところが、ある頃から彼女たちは「主人」と言わなくなった。そして「夫」を使いだしたのである。聞いてみると、「主人」というのはおかしいのとちがうか、と誰ともなく言いかわしはじめた。そしてそれなら何と言うか、「夫」というのがある、ということで「主人」を止めたというのである。

そこまでは、それだけでもすばらしい、いい話なのだが、そこからさきがまた一段といい話だ。自分の配偶者に関しては「夫」でいいが、他人の夫はどうする？さて……。さまざまの話し合い

の結果、きまった。「夫さん」にしよう。（略）
彼女たちは忠実に、誠実に「夫」、及び「夫さん」を使い出した。そして私も京都へ帰って使い出した。少しずつ私の仲間でも使い出した。「夫」はもちろん平気だけれど、（略）「夫さん」は正直言って少々言いにくかったけれども、今日もう何年も使いつづけて平気になった。世の人たちがどう思おうと、私は「夫さん」を使いつづけてゆくだろう。慣れの問題である。
（『ひたすら憲法』159－161頁）

この「夫さん」は二六年前に書かれていた。残念ながら今でも新しい。二〇二三年六月一五日の日本経済新聞夕刊は他人の配偶者をどう呼ぶかで大きい特集を組んでいた。九月一五日の中日新聞も「旦那？妻？どう呼ぶ」と大がかりなアンケート調査結果を伝えていた。
章子からは「いまごろまだそんなこと言ってるの？」と叱られること必定である。今や、章子には先見の明があったと感嘆している場合ではない。章子の先見性を受け止めそれを支持し実践してこなかった我々後輩自身を責めなければなるまい。章子が後輩に向けてせっせとエンパワーしてくれていたのに、我々はそれに応えてこなかった、その結果である。こうした点はいくつも指摘できる、「女らしさ」の呪縛にとらわれて、女が堂々とものをいってこなかった、女は無力だとことわざで思い込まされ続けてきて、自らの力を信じてこなかった、だから、だから、二〇二四年の今、日本の女たちは国連のジェンダーギャップ指数一一八位の屈辱に甘んじなければならない。もちろんジェンダー指数の低迷は政治的社会的要因が大きい。しかし女自身の気づきも遅く弱かった。悔しく辛いことだけれど、あの京都の農村の女性のような力を出せなかった結果であることも認めないわけにはいかないのである。

3．「憲法を守る婦人の会」代表に

京都府立大学退官後、章子はもっぱら社会活動と著作に心身を傾ける。「憲法を守る婦人の会」の運動がその一つである。後章で述べる蓼科ワークショップで章子は述べている。

「思想のない学者はくだらん。国を思い政治を考えるという学者が、自分の命題である」という父のもとで私は選挙の応援に行ったり、憲法ができて以来、憲法がとっても好きな人間だったんです。そして「憲法を守る婦人の会」というのをずっとやってきております。

（「すべての根源としてのことば　くらし」『ことば』19号2頁）

「憲法を守る婦人の会」がうまれたいきさつは、『ひたすら憲法』（1998）によると以下のようになる。

一九六五年の晩春の頃、京都大学文学部教授宮内裕と当時の京都府職員組合委員、後の参議院議員神谷信之助が訪ねて来た。「女性の力で、女性を中心とした憲法の会をつくってもらえない

か」、「これから本当に憲法を守ってゆくには、女性の力が必要だ、ほんとうに平和憲法が大切な存在だとしんから思うのは、やはり女性であろう。今、護憲の運動をしているのは主として男性たちだが、女の人たちこそ、この考えを持ってもらいたい。」当時母しづは六十三歳、五年前に「食道静脈瘤破裂」の大病をして激しい仕事はできないし、母はもともとそうした運動に表立って関わることは嫌いな人。でも平和憲法には深い思いを抱いていた。そこで章子は、陰の仕事は自分がやり、母に表に立ってもらおうと決心する。「みなさんがおっしゃるように、平和憲法を守るという大切なことが、女性の力によるところが大きいというなら、ここはひとつがんばったらどうですか。」と母を説得した。そして、「とにもかくにも女の力で憲法を守らなくては、という意気ごみの会が作られることになった、男性の力は一切借りずに、すべて女たちでやろう。私は決意した。」(20－23頁)

当時の府知事であった蜷川虎三は「ポケット憲法」という小冊子を府民に配布していた。その最初のページに蜷川としづのことばが載っている。しづは「憲法と女性」と題して書いている。

女は女であって人間ではない。これが旧憲法でした。今、わたくしたち婦人は、新憲法によりさまざまの権利を得て、人間となることができました。憲法によってわたくしたちはしあわせを作り出そうとしています。とりわけ、わが子、わが夫を再び戦場に送ることのない今の平和憲法は、女性の幸福を願う心にもっとも深く結びついています。憲法をわたくしたちのものとし、日常に女のくらしにその精神を真の意味で生かしたいものです。そのためには、憲法を守ろうとするわたくしたちの意志と努力が必要です。その第一歩としてまずこの小さな本をよんでみて下さい。

昭和四十年五月三日　寿岳しづ（憲法を守る婦人の会代表幹事）

平易な短い文章の中に、女性の人権が認められていなかった旧憲法から説き起こし、現在の憲法と重ねた女性のあり方を位置づけ、その憲法を守るための方法まで説いている。

この会の名称をどうするかでひと悶着が起きていた。この会の提案者である宮内教授が「憲法改悪阻止各界連絡会議」のメンバーであったところから、「憲法改悪阻止各界連絡婦人会議」という案が出された。女性たちは、難しい漢語の多い名称でなく「憲法を守る婦人の会」（後に略して「憲婦」）でいいと主張した。「改悪阻止」派は、九条が危機にさらされているとき、それを守るという一点集中で行くべきといい、「婦人の会」派は、そんな固い名前ではとりわけ農村の人たちになじまない、柔らかな言い方にしたい、との応酬が続いた。結局わかりやすい「婦人の会」になったが、ことばに対する考え方で女性の感覚が押し切った。

カナンコトハカナントイウ

この会の活動は、はじめは戦争の記憶を脳裏に叩き込むこと、ということから、太平洋戦争の開始の日の一二月八日に「戦争反対婦人集会」を開くことから始まった。一九六五年第一回の集会は立命館大学総長の末川博《すえかわひろし》（1892－1977）の平和の問題についての講演会であった。末川博といえば学士院会員の民法学者、長年立命館の総長の座にある超著名な学者、こうした人物を講師に招けるのは寿岳一家の豊富な人脈があればこそだった。第三回は一五〇〇人も集まった。

この会は、講師の話を聞いて参加者が話し合うという形式で進められることが多かった。講師は大学教授、童話作家、音楽家、伝統芸能の演者など多彩な人であった。参加者の話は、初めは戦争で辛い苦しい思いをした被害の側からの発言が中心であったが、そのうちに、何故戦争は引き起こされたのか、そのとき人々はどうしていたのかに思いが及ぶようになり、ついに加害の側に思いが及ぶようになった。

中国からやっとの思いでひきあげてきたNさんは「戦争に敗れて中国からほうほうの体で引き揚げざるをえなくなってつくづく考えてみると、やはり自分たち日本人が中国に入りこんで中国人の上に君臨していた、申し訳ないことだ」とはっきり言ったという。（50頁）

男たちの反対にめげず簡易水道を引いた丹波の女性の話も憲法の体現だったと章子は述べている。

（女性たちが）簡易水道を作ろうという運動をやったんです。その時に保守的な男連中から「アカい水」と言われたんです。金がかかることばっかり女は考えるとね。（略）その時みんなものすごく叩かれたんです。洗濯から炊事から掃除、風呂などの水を汲んでくる、砂だらけのね。そういうものやるのは全部女なんですね。（略）

その時に、ちょうど私が行き会って、「皆さんそんなにがっかりしないで」と言ったんです。これは憲法の二十五条にあるように、誰にも文化的な暮らしをする権利があるので、皆さんが綺麗なお水をたっぷり飲みたい、使いたいというのは憲法で保障されているんだから」と話したんです。

（『女・子供の眼』109―110頁）

簡易水道実現の話は第四章の『日本語と女』の中にも出てくるが、そこでは憲法の話は出てこなかった。農村の女性のカナンコトハカナントイウ（いやなことはいやだと言う）実践例として語られていた。その背景に章子の憲法に基づく激励があったことを後に章子が明らかにしたのである。

「憲法を～」の集会では被差別部落出身の女性の話も出された。出身地のために恋人との結婚を許されなかった話、交通事故に遭った人に緊急の輸血をしてあげようとしたら拒まれた話などが明らかにされて、集まった人々は、いまだに残るいわれのない差別に怒り、嘆いたという。（83頁）

一九八四年からは八月一五日の会も開くようになった。初の原爆投下の八月六日も敗戦の日の一五日も、何の日か知らない若者が増えてきたことを知り、これではなるまいということだったからという。

最初の会は八月一五日の自分たちの経験を出し合う会だったが、その後毎年続けるようになり、以後「社会科教科書の危機の意味」「女性と平和」「沖縄――十五年戦争」「戦争と米」「わたしのビルマ戦線」というようなテーマで話し合ってきた。

殺すなかれ殺させるなかれ

一九九三年の八月の会に寄せた章子の手書きのメッセージが残っている。

一九九三年八月十五日を迎えての私たちの思いと訴え

人にもみずからにもこの上なく苛酷だった戦争の日々からほぼ五十年近い日々が流れました。もう戦争はこりごりとの思いで生きる日本の、世界の人たち、とりわけ女性にとってこの上ない光輝であり喜びでありつゞける日本の憲法、とりわけ九条。

それは永遠の灯台であるかのように私たちは思っていましたのに何ということでしょう昨今の憲法論。日本の過去についてどういう認識をしているのか疑わざるを得ないこの上なく無責任な状況が私たちの眼前に展開されています。

国際貢献、世界平和などの、昔の八紘一宇だの東洋平和だのということばを思い出させるような巧妙かつ欺瞞にみちた浅薄な論とともに時代おくれ、御用ずみ等の情ないレッテルが憲法に貼られつつあります。

私たちはそれら一切を否定しのりこえて、戦争を徹底的に否定し平和構築を中心とする日本国憲法の永遠のかがやきを信じます。殺すなかれ殺させるなかれ、という我々の切実なる思いをみごとにあらわしている憲法を徹底的に信頼し、その精神に生きつづけることをあらためて確認します。

平和をみずからの心として生きぬくことを誓っておいでの女性たちに訴えます。手をつないで平和憲法を支えてゆこうではありませんか！

一九九三年八月十五日　憲法を守る婦人の会

誰の心にもストンと落ちるきわめてわかりやすい、しかも強く美しい文章である。憲法をめぐる状況は、特に二〇二二年二月のロシアのウクライナ侵略を期にこの時よりはるかにはるかに危うくなっているが、今いちど、章子の思いを共有してみるべきであろう。そこから、次に進む道を考えなければならないだろう。章子のメッセージを無駄にしてはいけないと心から思う。

憲法を守る婦人の会（憲婦）で、章子は事務局長として、七九年にしづ亡き後は代表として、多くの催しを主催してきた。現在、この会のことを知る人も少なくなってしまっているが、その中の一人である弁護士久米弘子に当時のことを聞いてみた。

「憲婦の集会には主婦も働く女性も自営の女性もいろんな立場の人が多勢集まりました。農村からもこれまで家から出たことのない女性たちが汽車で大挙して出かけてきました。とつとつと語るおばちゃんたちの話（夫や地域の人々と憲法との関わりや変化など）に大きな拍手が沸き上がったことをよく覚えています。楽しいバザーなどもあり、憲法を中心として寿岳さんの個性とバイタリティーに共鳴した女性たちの楽しい集会でした。残念ながら寿岳さんが亡くなったあとは活動が弱まり、十年余り前に活動を終了しましたが、憲法を守る精神は他の会合に引きつがれています。京都の人にとって、寿岳さんは、偉い学者というよりも、つねに庶民と一緒に平和と憲法、暮らしを守る運動を一緒にしてきた京都の民主的な諸活動のリーダーとしての方がなじみ深いです」

章子は、京都ではまず第一に、平和と憲法を守る活動家なのであった。

4. 答責会議の代表として

もう一つの大きな活動は、祖父江孝男《そふえたかお》（1924－2012 文化人類学者）と共に答責会議の代表を務めたことである。代表として、五年にわたって日韓の学者・専門家とシンポジウムを開き、日本の戦争責任について考えを深めてきた。答責会議というのは、章子の文章と講演から要約すると、次のようになる。

小さな会議ですが、これは無答責の反対概念です。無答責というのは明治憲法に、「天皇は神聖にして侵すべからず」という条項があって、国家権力がいかなる悪をなそうと決して天皇は責任を取ることはなかったということです。これに対して、私たちは私たちの歴史に責任を持とう、ということで始めました。

（「ことばと女の歴史」『ことば』17号2－3頁）

この会議は、一九八二年の歴史教科書が「侵略」を「進出」に変えたことをきっかけに日本の戦争責任を考え始めた山田悦子《やまだえつこ》（1951－）たち三人の女性が、学者文化人百二十人にアンケート調査をしたことから始まる。日本の戦争責任について、「かつての日本の戦争は侵略戦争であったか、どうか」「戦争責任は誰にあるのか」「戦後の日本は戦争責任を取っていると思うか」「責任をとるべきだと思うか」「責任をとる、とらせるための意志を行動にできるか」などの問いに答えを求めるアンケートを行った。

六十人から回答があり、その三分の一の二十人が「責任を取る意志を行動にできる」と答えた。この二十人に日本の戦争責任の答責について考えるシンポジウムの参加を呼びかけた。こうして答責会議は発足した。弓削達《ゆげとおる》(1924－2006 歴史学者)、浅井基文《あさいもとぶみ》(1941－政治学者)らも賛同し、祖父江孝男と章子が代表になった。

章子は述べている。

日本が国家の名において、あるいは天皇の名においてやったことの無残さに私は顔をあげられない。とりわけ慰安婦、強制連行等の事実は韓国の人々に深くかかわっているだけにとりわけ私たちの心に鋭い矢となってつきささる。(略)植民地としての韓国が受けた苦悩から私たちは目をそらすことはできない。日本が韓国に対してやってきた多くのことに対して、今日本人は何としてでも責任をとらねばならない(略)。

「無答責」を「答責」に、即ち自らが犯した罪に責任を持つ生き方を日本国が選ぶようにしなければ、そのためには我々自身の生き方を答責しなければならない――その思いで幾人かの志ある人たちが集まった。男女、年齢もいろいろ、職業もいろいろ。(略)とりわけ韓国に対して強い日本国の非道の行為に責任を持とう、どんなささやかな行動でも起さなければならない。

（『無答責と答責　戦後五〇年の日韓関係』「序にかえて」、以下『無答責』）

山田悦子によると、「答責会議」の最初の活動は、韓国の学者、政府機関、宗教団体などへ七〇通のアンケートをすることだった。「極東国際軍事裁判によってアジア太平洋諸国民への侵略責任問題は終わったか」「一九四五年八月一五日で日本の侵略は終わったか」「韓日条約で、日本の侵略責任の問題は終わったか」などの設問について、回答を寄せた七人のうち六人が「ノー」と答え、また、「朝鮮半島の分断の歴史は日本に責任があると思うか」について、五人が「ある」と答えていた。その回答者の一人東国大学の金昌洙《キムチャンス》（１９３２－）教授と連絡が取れて、日本でのシンポジウムに参加を要請した。その後金教授は韓国側の代表として、会に関わることになる。

こうして第一回の会議が一九九一年八月に東京・学士会館で「日本のアジア侵略責任　アジアから日本へ—責任を問う／日本からアジアへ—責任に答える」と題するシンポジウムとして開かれた。韓国側から七名、日本から鈴木二郎創価大学教授など八名、答責会議から顧問の弥永昌吉《いやながしょうきち》（１９０６－２００６　数学者）、寿岳、祖父江らが参加した。その後、毎年韓国・日本と場所を変えながら会議は開かれた。一九九四年九月には九州大学で第四回の日韓条約をテーマにしてシンポジウムが開かれた。

日本は戦争責任を果たしたか

会議を重ねるうちに、一九六五年に締結された日韓基本条約が日本の戦争責任をあいまいにした条約であることが浮き彫りにされてきた。その結果、日本側は「六五年日韓条約を廃棄し、両国民の尊厳確立のための新条約締結を求める声明」を、韓国側は「人間の尊厳のために」の声明を、同時に出すことになった。日本側の声明の趣旨は以下のようであった。

一九六五年に貴国と日本国の間で締結された、《日本国と大韓民国との間の基本関係に関する条約》は、日本国と日本国民による、貴国と貴国民に対する侵略と不法支配に対して、無反省無答責の条約であると断ぜざるを得ません。

この条約が、正義と人間の尊厳の尊重に依拠したものでないことは、その後の歴史においてあらわになった諸々の事象に照らしても、証してあまりあります。

貴国並びに貴国民の尊厳とあわせ、私たち日本人のもとにも人間の尊厳を確立するために、〈両国民間に尊厳を確立するための新たな条約〉の締結を両国政府に要請する。

（『無答責』6頁）

この声明には、答責会議顧問弥永昌吉、代表寿岳章子、祖父江孝男の三名の名が記されていた。韓国側のには金昌洙の名が記されていた。

一九九五年二月二八日、章子は、この声明の趣旨である日韓基本条約を見直し新条約締結のための記者会見を韓国ソウルのプレスセンターで行った翌日、三回目の韓国訪問から帰国した。章子は、こうした五年間の経過をまとめた『無答責と答責　戦後五〇年の日韓関係』（御茶の水書房1995）の編著者として、その序文を次のように結んでいる。

小さな歩みながら、この本の出版によって私たちは第一歩を踏み出したい。（略）私たちはさらに、答責の思いを日本の多くの人々に知ってほしいと心から願っている。

最近の日韓関係の冷え込みは、戦時中の徴用工の問題を解決済みとし、慰安婦は軍の強制によるものではないとする日本政府の方針によるところが大きい。解決済みとする根拠は、日韓条約であるが、答責会議ではこの条約が日本政府の戦争責任を果たしていないものとして、条約の破棄と新条約の締結を求めている。日本が戦争責任をあいまいにしてきたつけが戦後七九年を経ても隣国との関係悪化としてつきまとっていることは、改めて自覚しなければいけないだろう。章子をはじめ、答責会議の人々の多くはすでに没しているが、この会議が突き付けた問題はいままさに問われているのである。

「憲法を守る婦人の会」にしても「答責会議」にしても、章子の活動の中心を貫くものは、差別・不正・無責任を許せない正義感と真摯さであった。さらに章子の人間の器を大きくしているのは、ひとたびその不条理に気づいた以上はそれを正すためにとる行動力である。頭で考えるのも速いが、体を動かすのもいとわない。若き日に、家の掃除洗たくを体の一部のようにこなしていた心身の一致が、真摯な思考力と大きな行動力となって人を動かす利器に結実していたのである。

終章

後につづく者たちへ

古希を過ぎても

章子は、古希を過ぎたころ、講演活動は九九%はやめると宣言し、全国を飛び回る活動に終止符を打った。しかし一%だけは、好きなことに使うと言って、一九九四年以降の現代日本語研究会の夏のワークショップ（WS）に毎年参加して、毎回基調講演を行った。このWSは、いろいろな立場・アプローチの仕方でことばを研究している女性たちが、意見や情報を交換し、交流を深めながらさらに勉強したいという目的で始まった。第一回は、一九九二年夏信州蓼科の古びた温泉旅館を会場にしたが、二回目からはある大学の蓼科セミナーハウスに会場を移した。しばらく信州が続いた後、コロナ禍で集まるのが難しくなるまでは、埼玉県武蔵嵐山の女性教育会館を会場にして毎年夏に開いていた。コロナが落ち着いた今では、海外の会員も増えてオンライン集会で継続している。

章子は第三回のWSに参加して以来、研究会のメンバーともなり、毎夏京都からの参加を楽しみにしていた。WSでは、最初に講演をし、参加者のさまざまな研究発表にコメントをし、高原を散策し、若い留学生の悩みを聞いては励ました。京都で最期まで章子を支えてきた隣家の田中弘さんは、「章子先生は信州のワークショップをとても楽しみにしておられました。数日前から蓼科のホテルに泊まり、終わってからは蓼科の近くの別荘地ですごされているお友達の脇田晴子先生を訪ねて数日間すごされるというスケジュールでした」と語っている。京都を発つ前にホテルと脇田さん宅に宅急便を送って、リゾート地で着るおしゃれな服装を十分準備しての山行きだった。

この会のことを章子は千田夏光氏（1924－2000　作家　慰安婦問題の著作が多い）との対談で語っている。

先日、長野県の蓼科に勉強会に行ってきました。その勉強会が、頑張って朝九時から夜の十時までやられて、すごいハードで絶対男ならやりませんよ。もうまじめでまじめで、私らもう少しだらしなくやろうやって言うんですけど。そこでやっていた中身がなかなかおもしろくて、若い研究者だったけど、日本語の女性差別のシソーラスについての発表がありました。（略）

そこで、私が教えられたのは、母語とか母性豊かなとか母なるボルガとかそういうふうにいうでしょ。それも差別だって言うんです。「なんでー」って思いました。中国から来た若い人もわからないと質問がありました。発表者によると、母とはかくあるべしだという、そういう制限がすでに働いているということなんです。（略）母語と言ったって、子供が生まれる時には父も母もいるんだから、そういう言い方はおかしいという指摘まであって、なかなかシャープなものでした。

その中で大へん若い人たちも来てまして、大学一年生のような人、それから院生の若い人とか、そういう人の中に「私は差別なんて感じたことがない」っていう若い人もいたんですね。私、それが不思議で、自分は差別されないで戦後に育って、それもずっと後年に育っているんだから、そういう差別的な環境はずいぶん消えてそう感じるのはいいけど、でも女子学生の就職問題などでは我が身の問題なのだし、まして今大問題になっている慰安婦のことなど、女とは社会的歴史的にどういう存在だったのか考えずにはおれないでしょうと。

（『「女・子供」の目』53－54頁）

京都からやってきた古希を過ぎた大先輩に、朝から夜遅くまでの発表や討論につきあってもらったのは、今にして思えば、ずいぶん過酷な扱いをしたものだと申し訳なく思う。章子は、疲れると上手に居眠りをしていた。でも、発表が終わるころには目を覚まして、核心を突く質問や意見を出していた。発表者たちもずいぶん励まされ、刺激を受けたはずだ。

この頃の章子は、講演のテーマも特に新しい研究の報告というものはなくて、今までに各地の講演や雑誌の対談などで話してきたことが多かったと思うが、研究については後輩である参加者たちを前にしての実体験から出る心のこもった忠告や助言が多かった。同じことを何度聞いても、人の心をつかんで離さない巧妙な話術にはその都度引き込まれたし共感もした。学生や院生たちは、目の前に生きた歴史を見る思いで感動し、感激しながら聞き入っていた。

学会に黙殺された『日本語と女』

一九九四年から二〇〇一年まで参加して七回の基調講演をしたが、その講演の後輩へのメッセージとなる部分を拾い上げてみたい。

第一回は「『日本語と女』からの十五年」の題で話した。同書が刊行されたのが一九七九年で、その後一五年が経過していた。この本が出ることになったきっかけを章子は次のように語った。

岩波の「日本語講座」という十三冊の大きいシリーズが出たとき、「国語国字問題」というタイトルの一冊の中の「標準語の問題」というのを書いてくれと言われました。「標準語の問題」というよりは、私は「方言の問題」をいっぱい書いて岩波に出したら、「熱い論文ですね」と言われ、喜んでもらえました。方言と標準語の確執のようなものを書きまして、大変いい気分で書いた論文でした。すると、岩波新書の方からこれをもう少し膨らませて新書にしたいと言ってきたのです。そのとき、私はひらめいてそれはそれでいいけれども、もっとこういうのがあると言って、「主人」や「お前」という言い方について書いていたレジュメを見せたら、「それでいきましょう」と言われました。それがこの本の誕生のいきさつです。この本の中で、他に誰も書けないだろうと思うのは、ある農村婦人たちと私との触れ合いで、言葉というのは何なのかということを考えさせてもらう大変いい問題提起をしてくれる場でした。

（「『日本語と女』から十五年」『ことば』15号　4頁）

『日本語と女』は他の論文執筆から生まれた偶然の産物だった。だが、その偶然を必然にしたのは、章子の「熱い論文」であり、「『主人』や『お前』という言い方について書いていたレジュメ」であった。ひごろ、妻が夫を「主人」と呼ぶことの従属性、夫が妻を「お前」と呼ぶことの差別性を訴え続けていたから、即座に新しい本の方向を示すことができた。なによりも農村婦人たちとの長年の交流による学び合いの宝物を持っていたことが、新しい本を生んだ。この本の後日談を先の婦人問題研究会の会報に記している。

（同書について）活字になったかなり数多い書評や紹介の外に、多くの手紙ももらった。悪意のものはなく、心暖まる感想が記してあって、本を書いた喜びの醍醐味のようなものを私は感じることができた。（略）

書評が多かったということをのべたが、それはほとんど国語学者以外の人たちからの発言であった。国語学の人が書いてくれたのは科学者会議の京都の通信だけで（略）あとはむしろ黙殺といってよい。なるほどこれは学術書の形態をとってはいないけれども、私はひそかに日本の国語学が落している視点をくりかえしのべたつもりで、その意味ではこの本は一人の女の研究者としてのささやかながらの人生が持たざるを得なかったある疑問を文字化したものと見てもらいたかった。だから学術雑誌でも論じてもらいたかったのであるが、それは黙殺されたといってよい。そのことは、この本を贈呈した（エラアイ）学者の方々からの礼状が、概してきまりきった受けとりの言葉で、国語学的にはアマチュアの人たちの発言が生き生きとしていわば、その人たちの暮らしにこの本がどうかかわったかが具体的に書かれているのとまさしく好対照であった。（略）

何も筆者の本のことに問題が終るのではない、例えば婦人問題をどう考えるかということについてもまず同じであろう。そのことの端的なあらわれは、それでは『日本語と男』というのも書かねば片手落ちではないかというようなことを、茶化すような表情で語る人が一人ならずいたことである。書きたかったら書けばいい。しかしそれは日本語をそのように使ってきた男どもの懺悔からはじまるべきであるのだが、その人々のいう意味はそうではないのだ。最低の読者である。

（『婦人問題研究』第54号 2－3頁）

さすがの章子もアカデミズムからの黙殺は腹にすえかねた。茶化して『日本語と男』を持ち出すやからには、書くなら「男どもの懺悔から」書き始めよと激しく迫っていた。

「でしゃばる」は言論弾圧語

女性とことばについて、また女性のことばについて考える時の視点についても、忠告してくれた。

女性を言葉という視点からみて、事を進めていくときには、できるだけその基盤は広いほうがいいので、史学との接近を考えていただきたいということです。これは、非常に私どもの基盤をしっかりさせるように思います。

（「『日本語と女』から十五年」『ことば』15号 5頁）

章子は言語の研究に歴史的方法を取り入れていた。史学そのものにも関心があった。一九五五年の日記には、ほぼ一か月で『史学概論』を読み終えたことが書かれている。このころは、今昔物語の研究会にほぼ毎週出たり、西京大学の学生のための研究会なども毎週開いている時期だが、そういう合間に自分で専門外の歴史学の本を読み終えていた。こうした史学への興味は、国語学の研究の幅を広め深めていく栄養分のようなものだったかもしれない。現に一九六八年には「名前が語る女の歴史」

を副題とする『女は生きる』を刊行している。歴史の方法を学び歴史そのものを究明する姿勢は一貫していた。その自身の経験から「史学との接近を考えていただきたい」ということばが出てきたのである。それは、若い研究者が研究対象自体に没入し、そのテーマをこなすのに精いっぱいでその歴史的背景や関連を見落としがちであることへの警告でもあった。

次いで章子は、場面語辞典の構想を語っている。使用場面が限られるような語彙、また、使用が限定されるような語を従来の辞書とは違う記述をすべきという提案である。

「出しゃばる」という言葉は言論弾圧語なのです。(略) 誰が誰に対して「出しゃばる」と言うか考えたら、女から男に対して「出しゃばる」なんていわないのです。しかもその前に「～のくせに」というのが入る。(略) 私は「出しゃばる」というのは、本当は正しいことを言っているけれども、こちらにとって都合が悪いときに言葉を封じる役目をしていると思います。(略)「黙れ」もそうです。すぐ男の人が言うじゃありませんか。「黙る」というのは、別に差別語だと思わないけれど、どういう場面で誰が誰に向かって言うふうな場面の構造を考えていくときに非常に面白いことがあるのです。

それから私、「はい」という言葉も考えましたよ。男はめったに「はい」って返事しないですよ。皆さんの夫さんの中に「はい」って言われる方あったら、それは素敵な男性。「はい」っていうのは圧倒的に女の方が言う度合が多いんですよ。(略)

辞書には応答の感動詞っていうふうにしか、載ってないわけです。それは「服従の意味を表す。

上に対してしばしば発せられた感動詞」というふうに書くべきじゃないでしょうか。

（『日本語と女』から十五年」『ことば』15号 5－6頁）

たしかにことばは使用場面によって意味も異なる、また使用するだれにとっても同じ意味とは限らない。そうした、場面の側から見た辞書というものは作られたことがない。三〇年前の章子のアイディアはいまでも新しい。

「私は楽天的でタフだと会う人に言われる」と言い、いつもにこやかに元気な笑顔を見せていた章子だが、落ち込んだ時もあったという。

京大は優秀な人が集まっていたので。自分の能力のコンプレックスに悩みました。そこから抜け出すのに一〇年以上かかりました。自分に素直であること、特にいい論文を書こうとか、人の論文をどうこう思わないで、自分のわからないことを書こうと思い至って脱出しました。

（「私のこと」『女とことば　女は変わったか 日本語は変わったか』11頁）

自分の気持ちに素直に向き合って自分のわからないことを書くんだ、と思うことでコンプレックスを脱出できたという。同じ時期のことを言っていると思われるがWSの講演ではスランプと言っている。

私も大変スランプに陥った時期があります。非常に、才能だとか、将来に関して疑いを持った時期がありました。けれども、それを必死になって、考えて考えたときに沈んでいったのが足が地の底について、ぽっと浮き上がれるような、それはやはり自分の人生を大切にしようと、貧弱な人生ですが、おかしいと思ったこと、不審に思ったことは絶対に追求するし、それをやれる力を女たちは持っているのではないかと思うのです。

私はやはり国語学会でどんなに「あなたダメ」と言われても、こうしたテーマで常に申し込んでもらいたいのです。しようがなく気がついてみればこんな分野があったんのだと思われるようになっていただきたいと思います。

（『日本語と女』から十五年」『ことば』15号6－7頁）

「足が地の底についてぽっと浮き上がれるように」スランプを脱するとは巧みな比喩表現である。スランプに悩んでいる時は、もがきもがきしていて着地する場所が見当たらない。着地の見当がつかないからいっそうスランプに陥る。考えて考えて考えぬいたときに足が地に着いてぽっと浮き上がれる。少しぐらい考えただけではコンプレックスの泥沼からは抜け出せない。実際にスランプに陥り、そのスランプから脱出できた経験者の言だからこそ聞くものを納得させる。自分ももしスランプに陥っても浮き上がれるだろうと勇気がわいてくる。「あなたダメ」と言われても申し込めとは、そういう経験をしてきた章子だから言い得た助言であろう。

人生的視野を持つ研究を

一九九五年には「女性語の五〇年史」と題して語った。この中で、夫のことを「主人」といいたくない女性たちが「夫さん」と言い出している、「夫さん」はおかしいと思う人もいるかもしれないが、しかし、じわじわ増えているのは事実だという。また、第八章で触れた答責会議のことについても「私どもの答責会議として『答責と無答責』という本がでたとこで、ことばの問題として、日本が韓国にどうかかわったかということを忘れてはいけない」と問題提起をしている。

ジェンダーの概念が導入されて、女性とことばに関する研究や成果が多く出てきていることにも触れて語っている。

すてきな時代になりつつあるんだということ。女性と言葉に関するコメントがたくさん出てきているということは、すばらしいことだと思います。言葉は男が作ったものじゃないかと。男によって当たり前と思わされていることは、やっぱりそれに対して攻撃をしていかなければいけないなあと思うんです。おそらく、国語学、言語学で、非常に狭い範囲のことしか今まで男性はやってきてないんじゃないかと。優れたものがいっぱいなのは認めますけど、それと、私どもがまた考えていかなければならないものと、両方必要なんだと、改めて思います。やっぱりどんな細かい作業をやっても、その非常にワイドで深い人生的視野を持つ研究がいいですね。それなりの志というものを大切にして、いわゆる悪い意味での職人にならないでくださいということをお願いして終わります。

（「女性語の50年史」『ことば』16号 5頁）

今までの男性たちの言語研究にはすぐれた面もあるけれど、狭い範囲しか対象にしてこなかったから、「ワイドで深い人生的視野を持つ研究」がいいという。長年、男の学問世界で戦い生き抜いてきた章子だからこその至言であった。「人生的視野」に立つのはそうたやすいことではない。だれにでもできることではない。それでも、遥かであっても大きな目標として掲げることはできる。そうすることで一歩でも近づく道は開かれる。そう、章子は励ましたのだと思う。「いわゆる悪い意味での職人にならない」も、耳の痛い助言である。小器用に小ぢんまりとまとめた研究をいやというほどみてきた章子として、後進にはぜひ避けてほしかったことであったろう。

一九九六年のＷＳでは、大学教師時代から始めている名前の研究の続きを語った。生まれた赤ちゃんの名前と親の名前が出ているある街の広報誌を資料にしながら、話を進めた。

いろんなところの名簿で発見したことは、徳川時代の三百年間というのはほとんど女の名前なんて変化ないわけです。いつまで経っても「おまつ」、植物は松竹梅ですよね。それから動物が非常に多く、「おとらさん」なんというのは皆笑うけれどもいっぱいいるわけです。「くま」も多いです。（略）要するに強い動物ですね。一種の守り神的な強い名前をつけて、邪気を払うというわけですね。

（配布資料の）親を、特に女のほうの名前を見てください。幸子、千春、ますみ、光代、佳代、雅美、恵美、美香、和美。「美」が大変多いですね。これは戦前の時代にはほとんどいませんでした。「子」がついて上にしゃれた字がつけばそれでもう結構という感じで、もう一つ前の時代だと、「淑子」とか「貞子」とか女大学風の名前なですね。こういう母親から次に出てきてるのが違うでしょう。お母さんが「幸子」で「明嶺」、これ男なんでしょうか。それと「空悟」「優任」。次の「悠」は男でも女でも通じるけど、女とします。「和佳奈」。「涼佑」、この「佑」というのは大へんモダンな字になっているんですよね。（略）もうこれだけ違っている。つまり名前を変えるテンポが非常に速いということです。三百年「おとらさん」できたのが、今度は明治になって四民平等という概念だけは入ったら、名前だけはこんなに変わってきたわけです。それまでは偉い人の娘さんしか聞かなかったのが、一遍に「子」をつけて、漢字をつけていいんだ、と。（略）漢字に「子」がつく、昔の人から言えば目を丸くする変化だったのが、漢字に「子」なんて古いと言われて、今度は「－美」というのがものすごく流行った時代があります。それから男か女か分からないのが出てきます。

この戦後五十年の間のこの名前の流行のパターンの移り変わりの激しいこと、今から十年経ったらどうなるんだろうかと思います。（略）

やっぱり歴史というのは、変わらないようで、女の歴史と共に動く部分があるなあと思います。その意味ではますます私たちは歴史を変えようではないかというお話でございます。

（「ことばと女の歴史」『ことば』17号 1－6頁）

いまから一〇年経ったらどう変わるかと、名前の変わり方の速さを予測していた章子だが、三〇年後の今の、漢字の読み方も全く自由で連想ゲームのようなクイズのような名前、またいわゆるキラキラネームまでは、章子も想像はしていなかったと思う。こうして、歴史は動いているのだから、「私たちは歴史を変えようではないか」と元気なアジテーションで結んでいる。やはり「歴史」は章子から離れることはなかった。

一九九七年には会澤正志斉と安藤昌益という江戸時代の儒者を出して、その女性観の大きな違いを紹介している。すなわち会澤は「妻を娶《めと》ることは、祖先の後を重んじて、子孫を絶たざらんの義なれば、天地の道に随ひ、妻妾を蓄へて後嗣を広くすること、聖賢の教えなり（妻をもつことは、祖先がこの後繋栄することを重く見て、子孫が絶えないようにするということだから、自然の道理に従い、妻や妾を蓄え、後継ぎをたくさん産むことが昔からの聖人賢者の教えである）」というような「バリバリの国粋主義者」で、「思想家としては、大変有名な人なんです。話にならんわけなんです」と章子はいう。一方昌益の「原始社会の一夫一婦の状態に、尭《ぎょう》・舜《しゅん》が介入して一夫多妻主義を捏造した。男一人に多くの女を娶らせることで血統が断たれないようにするという、利己的発想から出発している。一人の男に二人の女を娶らせることは人間をあたかも獣のように堕落させることだ。尭・舜によって犯された男女の性差別はそのまま看過することができない」という思想は見事です。尭・舜といえば儒教の最も崇拝される人物で、尭・舜の世の中というと天国のようにあがめられているのを昌益は全く別のことを考えていた、と対照的な二人の儒者の思想を伝えている。昌益が尭－舜という絶対的な存在とされている人物を正面から批判していることをたたえて、以下のように結んでいた。

男でも女でもね、やっぱり事実を本当に直視するというときにはすべてのものを超越してお互いに考えることが出来るんだなという話なんです。

（「女性観雑感」『ことば』18号1－4頁）

のびやかな人生祈って

一九九八年は、章子に影響を与えた農村の婦人たちの話、一九九九年は果物のカキにまつわる色の話をして、二〇〇〇年は寿岳という姓について語った。寿岳姓は現在、弟と従兄と自分と全国に三軒のみ、それぞれに子供がいないので、やがてこの姓は消える。が、父の和紙の研究で縁のある兵庫県加美町に「寿岳文庫」ができたので、ここで「寿岳」の性が引き継がれていくと。

そして二〇〇一年は、教育上の女性差別で東北大学へ進まざるを得なかったこと、仙台で空襲をうけたこと、敗戦後の食糧難の下宿生活などを話したのち、

とにかく、戦争はなくなった、もう戦争しないでうれしい、そういう気持ちや喜びは忘れられないものがございます。それから私は自分で創り出す平和、単にあてがいぶちで与えられる平和じゃなくて、平和がいいと思って自分でそれをつかんで離さないという心情というものはとってもすばらしいものだということをそろそろ考えるようになっていました。

（「私のたどった道と憲法と」『ことば』22号 3－4頁）

そういう考えのところに憲法を守る会の話が舞い込んできて、第八章で述べた憲法を守る婦人の会の活動が始まった話をした。そして、次のように締めくくった。

もちろん国語学者ですから、ことばに関することも頑張っておりますが、一方、社会的なことも忘れることはできないんです。だから、何もかも一生懸命になってやっているという、そういう日々を送っております。これ、悪くないもんですよ。だから、みんな、やっぱり、したいことをやるべきなんですね。思い切り、のびやかに、どんどん好き放題に生きて、好き放題に人生のまとめをしつつあるように思います。

みなさんもすばらしい仲間ですから、どうぞお元気で。私も元気ですけどももう七十七ですからね、みなさんはうんと若くて張り切ってやってらっしゃるんだから、どうぞ、これから行く末豊かな人生をお送りになりますように祈ります。おしまい。

（「私のたどった道と憲法と」『ことば』22号 5頁）

このとき、たしかに章子は元気だった。だからまだ翌年もその次の年も章子は蓼科に来てくれると皆思っていた。しかし、実際には、糖尿病が進んで翌年の参加はかなわなかった。そのため、これが最期のスピーチになった。このとき、章子は何かを予感していたのだろうか。「好き放題に生き、好き放題に人生のまとめ」をしつつあるといい、後輩には「したいことをやるべき」で、「思い切り、のびやかに、どんどんといろいろなことをやってもらいたい」という励ましのメッセージ、そして「どうぞお元気で」と、最後の「おしまい」。この「おしまい」は章子一流の軽いユーモアで最後につけたものとも思われるが、それまでの七回のスピーチでいちどもこういう挨拶はしていない。冗談めかしであれ、この「おしまい」は章子が何かを察してつけた結語であったと思われてならない。

あとがき

寿岳さんが亡くなって以来、だれか寿岳章子伝を書いてくれないかとずっと思い続けていた。それほど寿岳さんは中から見ても外から見ても魅力満杯、どんな人をも寄せつける巧みでユーモアあふれる話術、妥協を許さず信念を貫く凛とした強さの人。こういうすばらしい女性がいたことを、その記憶が社会から薄れてしまわないうちにだれか書いてくれないかと、待ち続けていた。こんな魅力ある人のことを放っておくはずがないと、待っていた。

ところが亡くなってから五年経っても一〇年経っても章子伝は出てこない。一五年経ってひょんなことから、自分がそれを書くことになってしまった。全く偶然だが、寿岳さんの美しい文章が流麗な文字で綴られた日記と出会ってしまったのだ。あまりにも達筆ですぐには読み取りえない箇所も多くてその面白さや価値はすぐにはわからなかった。きれいだということしかわからなかった。

新型コロナ感染症の流行が激しさを増し、どこへも出かけられない、誰にも会えないという閉塞の時期に、何かにせかれる思いで、日記全文をＷｏｒｄで入力し始めていた。崩し字のくせに慣れるのに時間がかかり、独特の省略語を読み解き、人間関係の理解に手間取った末に、全速力で青春を駆け抜けていく若き寿岳さん像が立ち現れてきた。そこには自然描写の美しさ、ユーモアをちりばめた機知にとんだ言い回しがあふれていて、豊かな充実した日常生活を謳歌し、破局を迎えた恋への未練に悩み、超真面目に研究生活にいそしむ寿岳さんがいた。これは本にしなくては、若き日の寿岳日記として出版しなくては、と思った、わたしひとりでくすくす笑いながら、同情しながら読むのはもったいなさすぎる、へえ、こんなことしていたの、こんなこと考えていたの、だから寿岳さんのバイタリティはすごかったのね、と多くの人と共感し合いたかった。

だが、日記は売れません、今の出版不況の時代、日記などどこも出してくれませんよと、聞く人聞く人に言われた。日記で綴る寿岳章子伝なら出せるかもと、上野千鶴子さんには言われた。まさかわたしが「寿岳伝」など書けるはずもない。「伝」を書く人は、幼少期から晩年までのその人物をもっともっとよく知って、さまざまなエピソードを各所にちりばめられるような情報通で密着型の人、隅から隅まで調べ上げてその生きた時代の空気の中にその人物を泳がせることができる人、そういう人でなければ書けないとわたしは信じていた。そういう方がおられる中で、寿岳さんの晩年のごく一時期しか知らない、よそ者のわたしのような人間がしゃしゃり出て寿岳さんのことを書いたりしたら、どんなひどいめにあうかわからない、そういう怖さもひしひしと感じた。正直、今も怖い。

そうではあるが、やはりだれも書かないなら書くしかない、そして寿岳さんを知ってもらうためなら怖くても書くしかない、火中の栗を拾うしかない。こうしたどろどろもやもやした思いを抱きながらなんとかここまでこぎつけた。

あとは皆さまにお任せするしかない、この本が寿岳さんの復活と復権に、ほんの少しでも役に立つことを願いながら筆をおくことにする。

この本が実現するまでには、多くの方々のお世話になりました。

まず、そもそもの出発点となった寿岳さんの日記を大切に保存し、快くお貸しくださり、そして公開することをお許しくださった田中弘さんに心からお礼を申し上げます。写真のご提供にも感謝しております。田中さんのご厚意がなければこの本は生まれませんでした。原稿の段階では大修館書店の辻村厚さんにお世話になりました。章立てのヒントから、各章の内容についてもコメントをたくさんいただきました。関連資料など文献収集では、近くの杉並区中央図書館のレファレンス担当の方が親身になって探してくださいました。インターネットの資料集めでは早稲田大学非常勤講師の孫琦さん、こちらの欲しいものをてきぱきと探し出してくださいました。そして、刊行に際しては、毎日新聞の記者時代から何かにつけて助けてくださった畑律江さんと、大阪府立大学名誉教授伊田久美子先生、大阪大学・京都大学名誉教授の伊藤公雄先生が、かもがわ出版とわたしを結びつけてくださいました。本当にありがとうございました。

最後になりましたが、かもがわ出版の樋口修さん、編集上の細々とした実務の上で大変お世話になり、美しい装丁の本にしあげるためにお力を頂きました。

こうした皆さまのお力を得て、なんとか念願の本の形にすることができましたことを心から感謝しております。本当にうれしくありがたく思っております。
肝心の寿岳さんからは、「足りないとこだらけやけど、まあよろしわ」と言っていただけないかと心から願っているところです。

二〇二四年の梅雨明けに

遠藤　織枝

〔参照文献〕

井伏鱒二（１９９７）「疑似閑談」『井伏鱒二全集第17巻』筑摩書房49－52頁
井伏鱒二（１９９７）「辞書の不便」『井伏鱒二全集第16巻』筑摩書房６１０－６１２頁
井伏鱒二（１９９７）「作中人物の用語」『井伏鱒二全集第16巻』筑摩書房３３９－３４２頁
川村二郎（２００９）『孤高 国語学者大野晋の生涯』東京書籍
菊澤季生（１９２９）「婦人の言葉の特徴に就て」『国語教育』３月号国語研究会　目黒書店66－75頁
草川八重子（１９９３）「寿岳先生は今も」『想父記』人文書院
国田百合子（１９６４）『女房詞の研究』
厨川白村（１９２９）「六 婦人の教育と活動」『厨川白村全集第四巻』改造社３３７－３４５頁
柴本・スミス・ジャネット（２００７）「寿岳氏の先駆性」『ことばとジェンダーの未来図　ジェンダー・バッシングに立ち向かうために』明石書店91－１１０頁
寿岳章子（１９５８）「女のなまえ」『言語生活』１月号 筑摩書房39－45頁
寿岳章子・樺島忠夫（１９５８）「女のなまえ」『計量国語学』７号 計量国語学会17－31頁
寿岳章子（１９６０）「女の名前」『現代のことば』三一書房13－36頁
寿岳章子・樺島忠夫（１９６５）『文体の科学』綜芸舎
寿岳章子（１９６６）『レトリック―日本人の表現』共文社
寿岳章子（１９６８）『女は生きる 名前が語る女の歴史』三省堂
寿岳章子（１９７８）『日本人の名前』大修館書店
寿岳章子（１９７８）『日本語の裏方』講談社
寿岳章子（１９８０）『暮らしのことばと心』大月書店
寿岳章子（１９８０）「私の被教育史から―女性差別は何ほども変っていない」『季刊　女子教育もんだい』秋号 労働教育センター３－９頁
寿岳章子（１９８１）『過ぎたれど去らぬ日々　わが日記抄』大月書店

寿岳章子（1983）『室町時代語の表現』清文堂
寿岳章子（1984）「東北発信」大月書店
寿岳章子（1984）『永遠の水汲むわが母』弥生書房
寿岳章子（1985）「しつけなき我が十代」『十代にどんなしつけを受けたか』未来社134－142頁
寿岳章子（1987）「運のつきの婦問研」『婦人問題研究』81号　9頁
寿岳章子　沢田重隆絵（1988）『京都まちなかの暮し』草思社
寿岳章子（1993）『想父記』人文書院
寿岳章子（1994）『京の思い道』草思社
寿岳章子（1994）「『日本語と女』から15年」『ことば』15号現代日本語研究会1－7頁
寿岳章子（1995）「女性語の50年史」『ことば』16号現代日本語研究会1－5頁
寿岳章子（1995）「ことわざと女性史」『女と男の時空　日本女性史再考 Ⅳ 爛熟する女と男　近世』藤原書店223－252頁
寿岳章子（1996）「ことばと女の歴史」『ことば』17号　現代日本語研究会1－6頁
寿岳章子（1997）「女性観雑感」『ことば』18号　現代日本語研究会1－4頁
寿岳章子（1998）『ひたすら憲法』岩波書店
寿岳章子（1998）「すべての根源としてのことば　くらし」『ことば』19号　現代日本語研究会1－6頁
寿岳章子（2001）「私のこと」『女とことば　女は変わったか　日本語は変わったか』明石書店11頁
寿岳章子（2001）「私のたどった道と憲法と」『ことば』22号　現代日本語研究会1－5頁
壽岳しづ（1947）『歳月を美しく』靖文社、後『壽岳文章しづ著作集1』春秋社1970
寿岳文章（1984）「私の戦中戦後史抄（4）―最もいそがしかったころ」『英語青年』129（11）2月号　研究社7頁
新村恭（2021）「新村出と寿岳章子―資料紹介を中心に」『向日庵　4』特定非営利活動法人向日庵80－89頁
十返千鶴子（1980）「書評　日本語と女」『婦人公論』3月号　中央公論社373－374頁

西川祐子・脇田晴子（2006）「追悼　清水好子・寿岳章子氏を偲ぶ 座談会」『女性史学』第16号 女性史総合研究会・女性史学編集雄員会53－85頁
野村きく（1976）「ある農村婦人の目覚め」『婦人問題研究』33号5－8頁
晩夏会（1998）『東北帝国大学女子学生の記録—昭和十八年十月に入学して』非売品
真下三郎（1942）「婦人語の生命」『現代日本語の研究』国語学振興会編　白水社169－196頁
真下三郎（1948）『婦人語の研究』東亜出版社
真下三郎（1967）『女性語辞典』東京堂出版
『婦人問題研究』（1970～1987）婦人問題研究会会報

＊日記中の名前の一部は仮名にしました。
＊文中の難読漢字にはルビを振りました。
＊帯と本扉裏の寿岳章子の肖像写真、第2章の家族写真は田中弘様よりご提供いただきました。
＊本扉と章扉には、寿岳章子の日記や向日庵に残る書棚、絵の写真を使用しています。

遠藤 織枝（えんどう・おりえ）
1938年岐阜県生まれ。お茶の水女子大学人文科学研究科修士課程修了。日本語学・日本語教育専攻。元文教大学文学部教授。にほんごの会理事長。著書に『気になる言葉―日本語再検討』（南雲堂）、『女のことばの文化史』（学陽書房）、『中国女文字―伝承する中国女性』（三一書房）、『やさしい日本語の時代に、やさしい介護のことばを』（ひつじ書房）など。

寿岳章子 女とことばと憲法と

2024年9月1日　　初版　第1刷発行

著　者　遠藤織枝
発行者　竹村正治
発行所　株式会社 かもがわ出版
〒602-8119　京都市上京区堀川通出水西入
TEL 075-432-2868　FAX 075-432-2869
印刷所　シナノ書籍印刷株式会社

ISBN978-4-7803-1335-2　C0095